VINTE CENTAVOS:
a luta contra o aumento

ELENA JUDENSNAIDER
LUCIANA LIMA
MARCELO POMAR
PABLO ORTELLADO

Dados Internacionais de Catalogação na Publicação (CIP)
(Câmara Brasileira do Livro, SP, Brasil)

Vinte centavos : a luta contra o aumento / Elena
Judensnaider...[et al.]. -- 1. ed. -- São Paulo :
Veneta, 2013.

Outros autores: Luciana Lima, Marcelo Pomar,
Pablo Ortellado
ISBN 978-85-63137-09-8

1. Brasil - História 2. Movimento Passe Livre
(MPL) 3. Movimentos sociais 4. Políticas públicas
I. Judensnaider, Elena. II. Lima, Luciana.
III. Pomar, Marcelo. IV. Ortellado, Pablo.

13-11253   CDD-981

Índices para catálogo sistemático:
1. Brasil : Movimentos sociais : História social
981

EDITORA VENETA
Rua Araújo, 124 1º andar 01220-020 São Paulo SP
www.editoraveneta.com.br contato@editoraveneta.com.br

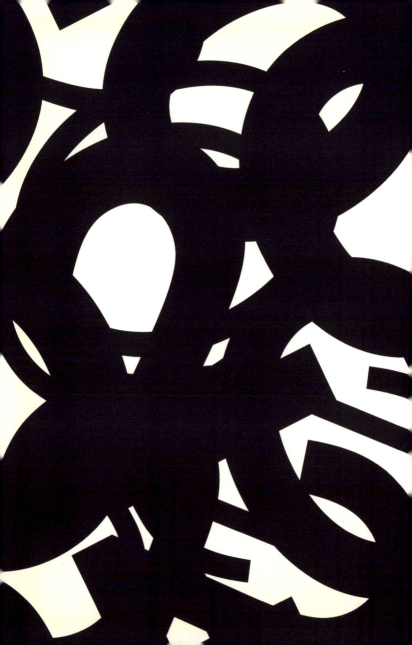

Introdução: 8
não foi um raio em céu azul

A derrubada do aumento: 22
uma narrativa política

Nota metodológica 23

6 de junho, quinta-feira 25

7 de junho, sexta-feira 32

8 e 9 de junho, sábado e domingo 39

10 de junho, segunda-feira 47

11 de junho, terça-feira 55

12 de junho, quarta-feira 65

13 de junho, quinta-feira 83

14 de junho, sexta-feira 104

15 e 16 de junho, sábado e domingo 129

17 de junho, segunda-feira 151

18 de junho, terça-feira 173

19 de junho, quarta-feira 204

Epílogo 222

Os protestos de junho 226
entre o processo e o resultado

Referências bibliográficas 239

Introdução:
não foi um raio
em céu azul

Marcelo Pomar

Já se vai uma década: Salvador, Bahia, agosto de 2003. Milhares de pessoas ocupam as principais vias da cidade durante mais de três semanas. As ruas são o grande palco das manifestações, que têm protagonismo juvenil, mas atingem toda a sociedade. Trata-se de uma revolta popular. Uma luta para derrubar mais um aumento de tarifas de ônibus na capital baiana, curiosamente, de vinte centavos – de R\$ 1,30 para R\$ 1,50. Na reta final da jornada de mobilizações, organizações tradicionais do movimento estudantil, que dirigem suas entidades de representação, tomam a dianteira de um processo político que elas não iniciaram e não entediam em sua essência. Sentam, junto à prefeitura, para negociar um conjunto de pautas e conquistas para o movimento. Emplacam várias, mas capitulam na central: a redução da tarifa. Importantes registros dessa história seguem sendo o documentário do cineasta Carlos Pronzato, *A Revolta do Buzu*, e a cobertura realizada pelo Centro de Mídia Independente (CMI-Brasil).

A consciência de que a mobilização popular é um sólido instrumento de pressão e de conquistas sociais é o principal legado da Revolta do Buzu. O levante também serviu para lançar luzes sobre aspectos importantes daquele momento histórico, como a insuficiência política das direções estudantis tradicionais, afastadas das bases das lutas sociais, e em dissonância com essas; e a necessidade de organizar o movimento social de maneira autônoma e independente, ousada e sóbria, capaz ao mesmo tempo de dialogar com as novas linguagens e formas de organização da juventude e de fazer política na sociedade, sem se deixar submeter a interesses outros que não os da própria luta.

Florianópolis, Santa Catarina, junho de 2004. Grandes mobilizações, que reúnem milhares de pessoas, ocupam, por duas semanas, as principais vias da cidade – entre elas, as estratégicas duas pontes que ligam a porção insular à continental – colocando em xeque as autoridades municipais. Conquistam o que parecia improvável: derrubar o aumento das tarifas de ônibus.

Em fins de 2004, o novo prefeito eleito vence, nas urnas, a derrotada e combalida gestão anterior, que encarecera e piorara consideravelmente os transportes públicos ao longo de oito anos. Em maio de 2005, nova tentativa de reajuste: um movimento de massas ainda mais intenso e duradouro, ao longo de quatro semanas, novamente derruba as tarifas na capital catarinense. Dessa vez sob intensa repressão do Estado, centenas de presos e feridos, estudantes, jovens e trabalhadores resistem e sobrepujam a nova gestão municipal. São as Revoltas da Catraca.

Além da luta concreta, um interessante saldo organizativo constitui o legado de Florianópolis. A primeira vitória de 2004 fora mediada por intensa articulação política que culminou numa ação da Ordem dos Advogados do Brasil (OAB/SC). A segunda vitória, de 2005, passou por tensas mesas de debate e pressão institucional – com presenças que iam do arcebispo ao prefeito, passando por todos os comandantes das polícias –, enquanto bombas explodiam pela janela do gabinete do prefeito, com vista para o terminal urbano. A Campanha pelo Passe Livre de Florianópolis (CPL), organização de frente ampla liderada sobretudo por jovens independentes e que jogara papel decisivo na organização e condução dos eventos, resolve convocar um encontro nacional para articular as lutas.

Ainda sobre as brasas das Revoltas da Catraca, esse primeiro encontro é realizado em Florianópolis, no mês de julho de 2004. Estiveram presentes representantes de Belém (PA), Belo Horizonte (MG), Curitiba (PR), Rio de Janeiro (RJ), Campinas, Sorocaba, Itu e São Paulo (SP), reunidos por três dias em um camping, no norte da ilha de Santa Catarina. O encontro é marcado pela presença de grupos com orientações ideológicas muito distintas, alguns mais tradicionais, organizados na extrema esquerda, outros independentes. O encontro não se propõe o fundamento de um movimento, mas institui uma "Campanha Nacional pelo Passe Livre" na sua resolução final que, entre outras interessantes passagens, contém a desafiadora e curiosa sentença: *"Todos demos o sangue pela vitória dessa atividade, pois ela vai desencadear um processo de revoltas simultâneas jamais visto no Brasil"*. Além disso, o encontro estipula um calendário nacional de lutas pelo passe-livre para os três meses seguintes.

Em 26 de outubro de 2004 é aprovada, pela Câmara de Vereadores de Florianópolis, a lei do passe-livre. Em fins de dezembro, é sancionada tacitamente pela prefeitura, no apagar das luzes de uma gestão. Coube ao Tribunal de Justiça de Santa Catarina, no início do ano seguinte, derrubar a lei por uma Ação Direta de Inconstitucionalidade (Adin). O dia 26 de outubro, ainda assim, vira Dia Nacional de Lutas pelo Passe Livre.

Diante do sucesso parcial da empreitada, a CPL de Florianópolis decide convocar uma plenária nacional para o Fórum Social Mundial de 2005, em Porto Alegre (RS), no espaço *Caracol Intergalática*, em 29 de janeiro. Nessa plenária, que recebe o apoio fundamental dos ativistas do Centro de Mídia Independente (CMI), ocorre a fundação do Movimento Passe Livre (MPL). Ali se estabelecem os princípios do movimento que vigoram até hoje, quais sejam, a autonomia, a independência, a horizontalidade e o *apartidarismo* – que não deve ser confundido com antipartidarismo – frutos das experiências concretas das lutas de Salvador e Florianópolis e das trajetórias políticas daqueles jovens reunidos. Estão presentes basicamente três correntes do pensamento e da organização juvenil de esquerda da época: jovens ligados ao trotskismo, dissidentes das organizações tradicionais da esquerda e seus métodos e associados a jovens independentes, sobretudo na CPL de Florianópolis; ativistas articulados em torno dos movimentos que a partir dos anos 1990 ficaram conhecidos como movimentos *antiglobalização*, e organizados sobretudo pelo CMI-Brasil, com formação essencialmente anarquista; e alguns grupos minoritários e de oposição às direções das entidades estudantis. Este último não resiste à plenária, por não concordar com seus rumos . Uma vez mais, reitera-se a luta pelo passe livre como principal bandeira do movimento.

Outros dois encontros nacionais são organizados. Em julho de 2005, o segundo Encontro Nacional pelo Passe Livre (ENPL) em Campinas (SP), na UNICAMP, estabelece uma espécie de pacto federativo entre os coletivos do movimento. Um ano depois, na Escola Nacional Florestan Fernandes, do Movimento dos Trabalhadores Rurais Sem Terra

(MST), em Guararema, SP, o terceiro ENPL elege o *federalismo* como outro princípio básico do movimento. Naquela ocasião, pela primeira vez, em nível nacional, o movimento toma contato com as ideias do ex-secretário de transportes do governo Luiza Erundina (PT, 1988-1992), Lucio Gregori, autor da proposta de tarifa zero nos transportes coletivos urbanos. O MPL avança pouco em termos de estruturação e não se consolida como uma organização perene com fóruns regulares, embora se mantenha como uma rede de articulação nacional que troca experiências e alimenta uma proposta avançada. Mesmo com as dificuldades de organização, o movimento continua recebendo novas adesões nacionais e vê explodir lutas com novos atores, com os quais a articulação nacional não tinha contato prévio.

O movimento vive um paradoxo ao longo da segunda metade da década: ao mesmo tempo que encontra dificuldades do ponto de vista da organização interna, vê sua luta se espalhar pelo Brasil. No seu processo interno de maturação, os coletivos locais fazem uma transição entre bandeiras menores e maiores, como a concessão do passe não somente a estudantes, mas também a desempregados em lugares como o Distrito Federal – e a discussão sobre o direito à tarifa zero para toda a população. Vários de seus quadros se qualificam para o debate e se alimentam de experiências importantes, como a do governo Erundina no final dos anos 1980, em São Paulo.

Paralelamente ao desenvolvimento político desigual e complexo do MPL, as avenidas do Brasil são tomadas de norte a sul por uma onda de mobilizações urbanas, ainda que espaçadas. Quase todas as capitais do país assistem, na última década, a alguma manifestação juvenil relacionada a transporte, ainda que não sejam sempre fruto de uma intervenção orgânica do Movimento Passe Livre. Cidades como Salvador e Florianópolis, Porto Alegre e Curitiba; São Paulo, Rio de Janeiro, Belo Horizonte e Vitória; Aracajú, Maceió, Recife, João Pessoa, Fortaleza, Natal e Teresina; Belém, São Luís, Rio Branco e Manaus; Distrito Federal, Goiânia e Cuiabá registraram, em algum momento ao longo dessa década, com maior ou menor intensidade, manifestações com a temática do "passe livre" ou contra o aumento das tarifas. Além das capitais, uma porção de outras cidades grandes e médias, como Joinville (SC) e Campinas (SP), para citar duas, entram nessa lista.

Forma-se, no Brasil, uma onda em torno da luta pelo passe-livre e contra o aumento das tarifas de ônibus. Essas lutas obtêm conquistas pontuais que retroalimentam os coletivos de luta e expandem seus horizontes geográficos. Cidades importantes como Teresina (PI) e Maracanaú (CE) experimentam barrar aumentos de tarifas de transportes. Em maio de 2009, o governo do Distrito Federal anuncia o passe-livre para todos os estudantes. A medida passa a vigorar em 2010.

Um novo movimento toma forma, com uma forte característica comum – para o bem e para o mal: é constituído em sua maior parte por jovens que tem aversão aos meios institucionais, como os partidos políticos e a disputa de espaços de poder do Estado. São, assim, ao mesmo tempo, menos suscetíveis à corrupção moral das formas tradicionais do jogo político, mas também muitas vezes não dão a devida importância ao processo histórico, tendo pouca ou nenhuma *"relação orgânica com o passado público da época que vivem"* (HOBSBAWN, 1995). No entanto, atuam politicamente na sociedade e impactam uma nova realidade nos âmbitos dos municípios. Articulam-se em rede, em relações de poder mais horizontais. Dominam novas técnicas, sobretudo associadas à tecnologia, e sua linguagem política é menos engessada, se comparada aos grupos tradicionais de organizações de juventude de esquerda.

Tudo isso ajuda a construir um conjunto de condições subjetivas para junho de 2013. Contudo, é impossível não citar o conjunto de condições objetivas que, acrescidas das primeiras, subjetivas, criam a combustão social a que assistimos, com mais de doze milhões de pessoas indo às ruas protestar (PESQUISA DO IBOPE).

O desenvolvimento urbano no Brasil desnuda as características mais cruéis de uma sociedade marcada estruturalmente pela desigualdade. As cidades, esses tesouros monstruosos que concentram as grandes conquistas científicas e tecnológicas da humanidade, crescem de acordo com os interesses das grandes corporações financeiras e são o polo de atração de camadas expressivas da população migrante em busca de melhores oportunidades. Vivemos o tempo das grandes cidades, das grandes densidades demográficas. As cidades crescem e se tornam espraiadas, entremeadas de espaços vazios, subproduto do capital especulativo imobiliário que expulsa a pobreza cada mais para a periferia. "A pobreza não é um problema apenas do modelo socioeconômico vigente, mas também, do modelo espacial" (Santos, 1993).

Nesse contexto, o transporte coletivo é, ao mesmo tempo, a primeira etapa da venda da força de trabalho, que, por imperiosa necessidade, desloca-se todos os dias para os locais de produção e venda de mercadorias e ofertas de serviços, e o instrumento primordial e transversal que garante o acesso aos equipamentos públicos e à cidade em geral, o transporte deve ser pensado como um direito social fundamental, de interesse público coletivo. Embora seja estratégico para o funcionamento regular do fluxo dos deslocamentos na cidade, ele está organizado de maneira arcaica, baseado num regime de concessões viciadas, em que o poder público cede o direito de exploração de negócio a organizações empresariais constituídas muitas vezes de laços familiares que financiam campanhas eleitorais, na perspectiva de reproduzirem seus interesses em concessões que duram uma década ou mais.

Vivemos uma crise de mobilidade urbana, desnudada pelas manifestações, que tem pelo menos três fundamentos: a) o regime de concessão como marco jurídico, cujo principal objetivo é assegurar um equilíbrio econômico-financeiro baseado em tarifas, e que permite lucros exorbitantes a empresários privados, sobre os quais a maioria das prefeituras sequer tem controle real; b) as opções políticas de desenvolvimento econômico e urbano, que desprezam a oportunidade de fazer reparações históricas na disputa dos espaços das cidades como mecanismos de democratização das riquezas e distribuição de renda; c) a força política do lobby da indústria automobilística que conseguiu assegurar para si um conjunto de incentivos fiscais por parte do governo federal, o qual, com a perspectiva de aquecer os mercados, empurra a classe trabalhadora em melhores condições sociais nos últimos anos a se endividar em financiamentos de automóveis particulares e entope as cidades de carros. Outros indicativos dessa crise se apresentam em nossas vidas: o tráfego estressante e insano a que somos submetidos cotidianamente e a quantidade absurda de mortes e acidentes no trânsito todos os anos, número que, no Brasil, chega a quase cinquenta mil pessoas.

Quando, em junho de 2013, o Movimento Passe Livre de São Paulo dá início a mais uma jornada de lutas, certamente não tem dimensão das proporções que sua ação pode tomar. A jornada se inicia em 06 de junho, já num contexto de mobilizações crescentes que tomavam conta de Porto Alegre, Natal, Teresina e Goiânia. Até pela centralidade política, a jornada de lutas convocada pelo MPL de São Paulo inicia um dos quatro principais movimentos de massas do Brasil dos últimos quarenta anos. Ela fermenta num caldo de cultura, um conjunto de condições subjetivas e objetivas que, unidas, criam a liga para esses acontecimentos históricos. O que os eventos de junho de 2013 trazem de novo é a unificação, na prática, da luta do MPL no cenário nacional.

Ainda me parece necessário dizer que o MPL não inventou a roda no movimento social. A bandeira do Passe Livre, entendida como o direito de acessar gratuitamente os meios de transporte coletivo da cidade, foi uma reivindicação do movimento estudantil secundarista desde a reabertura política em 1985. Foi instrumento de reorganização das entidades estudantis depois do término da ditadura militar. Antes disso, há registros da luta pelo "meio-passe" desde os anos 1930.

O que o MPL fez foi canalizar a potencialidade latente dessa reivindicação e das aspirações que dela derivam. Nesse sentido, cabe também ressaltar como o Movimento Passe Livre alargou o horizonte do debate sobre transporte. Essa é uma conquista extraordinária. Não foram poucas as críticas ao MPL, quando este pautou o passe livre – entendido aqui como passa livre para estudantes – como sua bandeira principal, sendo questionado, sobretudo pelas entidades estudantis, por avançar demais no debate, que deveria ser a garantia da meia passagem. Depois, quando ousou saltar à tarifa zero – entendida aqui como direito de toda a população de utilizar o transporte público coletivo sem pagar no momento da utilização –, por correr o risco de perder o foco. Hoje o MPL pauta o debate a partir de um marco muito mais amplo e ousado. Após junho de 2013, *"convocou a consciência social a respeito da possibilidade de o transporte público ser de fato público e abriu com isso uma pauta para o futuro, e que agora não pode mais recuar"*. (TALES AB'SABER, PALESTRA NA FLIP 2013).

A dinâmica narrativa que segue agora, portanto, não é exatamente o registro de um raio em céu azul. O MPL e grupos correlatos vêm convocando manifestações sistemáticas e jornadas de luta que se sucedem ano após ano, com maior ou menor adesão por parte das pessoas, e que pautam o debate sobre o transporte coletivo. Pontualmente asseguram conquistas importantes, como reduções tarifárias, extensão de conquistas ou impedimento de retrocessos em relação ao passe-livre e ao meio passe etc.

Para os quadros da política partidária essencialmente focados no trabalho institucional, sobretudo na esquerda, é algo novo e assustador. Isso demonstra certa dissonância entre a tarefa institucional e a pulsação da vida cotidiana nos bairros e no chão da cidade. O mesmo vale para uma parte da intelectualidade mais fechada na esfera acadêmica e sem interesse em construir vínculos orgânicos com os movimentos sociais e suas bandeiras.

O MPL não veio do nada. O MPL é um movimento de esquerda que ao longo de sua existência relacionou-se com seus pares, como o Movimento Sem Terra e os movimentos urbanos de moradia. Encontrou apoio em intelectuais e em certa blogosfera progressista, da qual a principal referência é o *tarifazero.org*. Se, em parte, representa ruptura com algumas características institucionalizadas da democracia formal, de outra parte também se constitui como a continuidade das tradições da luta de esquerda, transformadora da sociedade.

O presente relato constitui um extraordinário documento, redigido no calor dos acontecimentos, que retrata aspectos essencialmente políticos desse belíssimo capítulo da história de lutas do Brasil.

A derrubada do aumento: uma narrativa política

Elena Judensnaider Knijnik
Luciana Piazzon Barbosa Lima
Pablo Ortellado

Meglio città guasta che perduta
[Melhor uma cidade arruinada que perdida]

N. Machiavelli. Istorie fiorentine, VII, 6.

Nota metodológica: Esta narrativa é um misto de memórias, história política e crônica jornalística. Ela se apoia em documentos coletados logo após os acontecimentos, na lembrança de fatos vivenciados e em entrevistas realizadas com os principais atores da disputa. Evitamos nos basear em fatos cuja interpretação era controversa e nos concentramos nas ações que estavam mais bem documentadas. Em nosso relato, a cobertura da imprensa é mais vista como uma intervenção política (dos agentes políticos reportados e dos próprios meios de comunicação) do que como descrição dos fatos – em geral, não a utilizamos como fonte.

O protagonismo da narrativa é do Movimento Passe Livre. Tratamos o movimento como um agente unitário, desconsiderando eventuais divergências internas. O relato acompanha o movimento de perto, mas normalmente o vê de fora, relatando suas ações objetivas e, apenas em alguns casos, suas avaliações estratégicas. Concentramos-nos na capacidade do MPL de interagir com os demais atores – a prefeitura, o governo do Estado, a polícia militar, os meios de comunicação, o Partido dos Trabalhadores e o legislativo: talvez por isso os protestos em si não sejam o centro do livro, mas parte constitutiva do jogo político mais amplo sobre o qual nos debruçamos.

Tentamos lidar com os demais atores da mesma forma que lidamos com o MPL: identificando seu entendimento dos fatos, discernindo sua estratégia e apresentando seu posicionamento objetivo, isto é, suas ações e discursos. Procuramos reconstruir, assim, o grande tabuleiro de xadrez político no qual a revogação do aumento das tarifas de ônibus, trens e metrô foi conquistada. Por isso, optamos por encerrar a história no dia 19 de junho, quando a redução é anunciada.

No fim de semana dos dias 15 e 16 de junho, descrevemos uma ostensiva mudança de abordagem nos meios de comunicação (tanto nos de comunicação de massa como nas redes sociais). Para orientar nossa análise, fizemos um tratamento mais sociológico da cobertura jornalística, traçando a evolução do uso de categorias valorativas e estratégias discursivas. Apesar do tratamento mais técnico, buscamos relatar os resultados de maneira simples.

A estrutura narrativa reflete nossa interpretação dos fatos. Vemos a revogação do aumento como uma conquista resultante dos posicionamentos de um ator político organizado que soube reagir estrategicamente a circunstâncias cambiantes. Embora a mobilização de rua tenha sido um instrumento de ação importante, o processo que levou à revogação exigiu também uma bem planejada estratégia de comunicação, diálogo com partidos políticos e negociação com o poder público.

06
de junho, quinta-feira

ESTRATÉGIA DO MOVIMENTO
PRIMEIRO GRANDE ATO
15 DETIDOS: MPL É CRIMINALIZADO

No final da tarde de quinta-feira, enquanto milhares de manifestantes se concentravam nas escadarias do Teatro Municipal de São Paulo, os militantes do Movimento Passe Livre aguardavam para colocar em prática a estratégia contra o aumento das tarifas de transporte desenhada para a campanha de 2013.

No ano de 2011, quando acontecera o último aumento, a estratégia tinha sido a de realizar grandes manifestações semanais para bloquear importantes avenidas da cidade. Paralelamente, o movimento havia perseguido o ex-prefeito Gilberto Kassab em eventos públicos, com o intuito de criar constrangimentos e pressioná-lo a rever o aumento.

A campanha de 2011 havia durado dois meses e, embora a mobilização tenha sido suficiente para colocar o tema em pauta (inclusive com algum relevo nas eleições municipais do ano seguinte), ela não foi capaz de pressionar o poder público a revogar o aumento da tarifa. A avaliação do movimento foi a de que faltara mobilização, os intervalos entre os atos haviam sido grandes demais e nem sempre as vias mais importantes tinham sido interditadas. Incorporando o aprendizado desse período, a estratégia para 2013 era a de realizar atos grandes e de maior impacto, em vias mais centrais, e com curto intervalo de tempo entre eles, de maneira a asfixiar o poder público, fazendo jus ao lema do MPL: *"Se a tarifa não baixar, a cidade vai parar!"*. Ao invés de uma campanha longa e com atos semanais, como em 2011, a ideia agora era uma campanha de menor duração e maior intensidade.

O Movimento Passe Livre de São Paulo conta com quase dez anos de experiência em manifestações de rua, além de sólido trabalho de base em escolas secundárias. O trabalho concentra-se na discussão do problema do transporte público e na organização de protestos que interrompem vias locais, mobilizando e recrutando estudantes. Essa formação prática tem como objetivo não apenas ampliar a base de ativistas do movimento, mas também gerar autonomia nos bairros, elaborando atividades locais que se somem às mobilizações pelo direito ao transporte. Foi assim que nos primeiros dias de junho, logo após o anúncio do aumento da tarifa de 2013, manifestações regionais surgiram de forma descentralizada e espontânea em localidades como Pirituba, Vila Leopoldina e M'Boi Mirim.

Além da intensidade dos atos, outra mudança em relação às campanhas anteriores foi a concentração no movimento da responsabilidade sobre as decisões estratégicas da luta. Antes, as decisões eram tomadas num foro ampliado, chamado de "frente de luta" ou "comitê" contra o aumento, que contava com a participação de outros movimentos, sindicatos e partidos políticos. Esse modelo buscava incluir e dar voz a outros atores sociais que não tinham o custo do transporte público como tema prioritário. No entanto, esse formato de organização permitia que interesses políticos de outra ordem interferissem no planejamento das ações, comprometendo a autonomia do movimento e desviando as decisões do foco das reivindicações.

Assim, em 2013, partidos políticos como o PSOL e o PSTU e movimentos como o Movimento dos Trabalhadores Sem-Teto (MTST) e o Sindicato dos Metroviários entraram como aliados nas manifestações, mas sem poder de decisão sobre questões cruciais como as datas dos atos, os trajetos das passeatas e a orientação da interlocução com o poder público. O MPL acreditava que com isso ganharia autonomia em relação às demandas de partidos e outros atores políticos, as quais nem sempre coincidiam com os objetivos da campanha e com as estratégias de ação direta.

É com esse entendimento que o movimento convoca em seu site e no Facebook o primeiro grande ato contra o aumento da tarifa, partindo do Teatro Municipal, no centro velho de São Paulo:

No último domingo, dia 02 de Junho, a prefeitura e o governo do Estado aumentaram o valor da tarifa no transporte público da capital paulista para 3,20. Apesar do argumento de que o aumento é abaixo da inflação e da promessa da implementação do bilhete único mensal, defendemos que todo aumento de tarifa é injusto e aumenta a exclusão social. No Brasil existem mais de 37 milhões de pessoas que não podem usar o transporte público por causa dos altos valores das passagens. O Passe Livre luta junto à população por um transporte público de qualidade e pela tarifa zero para todos.

Às 18 horas, a passeata sai do Teatro Municipal em direção ao Vale do Anhangabaú. O trajeto inclui a prefeitura municipal que, estrategicamente, aguarda um pedido de audiência e se prepara para receber um pequeno grupo de manifestantes, talvez até mesmo com a presença do prefeito. A ideia é reforçar a imagem de diálogo que havia sido criada quando, no dia 10 de abril, o prefeito desceu do gabinete para debater publicamente, num carro de som, com militantes do Movimento dos Trabalhadores Sem-Teto que protestavam contra a orientação das políticas habitacionais da prefeitura. O prefeito tinha um grande trunfo numa eventual mesa de negociação: a redução da tarifa abaixo da inflação, medida desde o último aumento, e o anúncio feito pela imprensa de que trabalhava com outras prefeituras para municipalizar o imposto sobre a gasolina, o que permitiria ampliar o subsídio ao transporte público.

Nesse primeiro ato, no entanto, o movimento contraria as expectativas do gabinete e reafirma sua estratégia de pressionar o poder público por meio da paralisação do trânsito de veículos. Entende-se que, nesse momento, o MPL não tem força para começar um processo de interlocução, já que ninguém sabe se a mobilização que haviam conseguido em 2011 contra um prefeito impopular e de direita poderia ser retomada no mesmo nível contra um prefeito recém-empossado do Partido dos Trabalhadores. Apostando na estratégica clássica do Passe Livre, a manifestação passa rapidamente pelo prédio da prefeitura em direção ao Vale do Anhangabaú e dali à Avenida 23 de maio, uma das principais vias expressas da cidade. O site Passa Palavra, que colabora com os movimentos sociais, descreve assim os acontecimentos:

Eram quase sete da noite quando o ato tomou de assalto a Avenida 23 de Maio, uma das principais vias radiais, que liga o centro da cidade à zona Sul. A ação foi inesperada e por essa razão demorou para que a polícia militar adotasse uma estratégia eficiente para dispersar os manifestantes. Neste momento, as catracas alegóricas, feitas de madeira e pneus, foram queimadas e barricadas começaram a ser formadas. Por diversas vezes, pequenos batalhões da polícia tentavam liberar a avenida, mas eram obrigados a recuar frente à resistência do protesto. Alguns minutos depois, o Batalhão de Choque foi acionado e deu início a uma verdadeira batalha campal, que se espalhou por toda a região central. Depois disso, é difícil descrever o que se

passou. Para o bem ou para mal, a ação policial na Avenida 23 de Maio, ao dispersar os manifestantes a esmo, multiplicou as frentes de ação em inúmeros focos. Uma parte dos manifestantes seguiu para o Terminal Bandeira, bem próximo ao local. Outra seguiu para a Prefeitura e para o Terminal Parque Dom Pedro e uma terceira ainda continuou pela Avenida 9 de Julho e subiu para a Avenida Paulista, que foi bloqueada pela primeira vez. Por onde se passava, pelas ruas do centro, era possível ver rastros da manifestação: pichações de protesto, panfletos e pequenas barricadas com lixos e lixeiras. Nos terminais de ônibus, eram realizados catracaços, permitindo que a população tomasse ônibus gratuitamente.

Quase às nove da noite, o *Jornal Nacional*, cobrindo ao vivo o final do protesto na Avenida Paulista, descreve o clima na região ao som do helicóptero da Rede Globo:

E aqui a situação voltou a ficar tensa: um grupo menor de manifestantes ocupou os dois lados da avenida, e agora há pouco chegou um pelotão do batalhão de choque. Os policiais avançaram em direção aos manifestantes – eles estão seguindo neste momento. Agora há pouco eles lançaram bombas de gás lacrimogêneo contra os manifestantes. Houve uma correria; os manifestantes ainda estão no meio da avenida. (...) [São mostradas imagens de dois agrupamentos enfileirados da tropa de choque.] Neste momento a gente observa que policiais dão tiros de bala de borracha em direção aos manifestantes na calçada.

Outro pelotão avança também e eles seguem agora na direção dos manifestantes que continuam no meio da avenida. Esse protesto começou por causa do aumento do preço das passagens dos transportes públicos de 3 reais para 3,20. A manifestação e o confronto continuam.

Após horas de repressão policial, o saldo do primeiro grande ato contra o aumento da tarifa é de 15 manifestantes detidos e pelo menos 8 feridos. No auge da tensão, o comandante da operação policial, coronel Reynaldo Simões, dá a seguinte declaração à imprensa:

Essas pessoas não estão a fim de se manifestar, mas sim de fazer baderna.

07 de junho, sexta-feira

IMPRENSA CONDENA VANDALISMO E ATRIBUI PROTAGONISMO A PARTIDOS
GOVERNADOR E METRÔ SE MANIFESTAM
MPL SE DEFENDE DE ACUSAÇÕES
PRIMEIRAS TENTATIVAS DE INTERLOCUÇÃO COM A PREFEITURA
SEGUNDO GRANDE ATO
PROMOTOR PEDE MORTE DE MANIFESTANTES

Pela manhã os dois principais jornais do país trazem uma cobertura negativa do primeiro grande ato contra o aumento da tarifa. Em suas capas, *Folha de S.Paulo* e *Estado de S.Paulo* dão destaque para os protestos nas manchetes:

Vandalismo marca ato por transporte mais barato em SP

Protesto contra a tarifa acaba em depredação e caos em SP

A cobertura do dia 7 inaugura uma abordagem característica de toda a cobertura dos meios de comunicação nos dias seguintes: a desqualificação das manifestações como atos de vandalismo motivados por interesses político-partidários de pequenos agrupamentos extremistas. Nessa leitura, os protestos seriam uma intervenção radical de grupos muito pouco representativos e sem legitimidade que, desprovidos dos meios institucionais de atuação política, tentavam se fazer ouvir bloqueando as principais vias da cidade e destruindo o patrimônio. Com isso, estariam desrespeitando o direito de ir e vir dos cidadãos, gerando grandes prejuízos à cidade. Além dos meios abusivos, a pauta reivindicada pelos manifestantes era considerada completamente descabida, já que o aumento das tarifas tinha sido abaixo da inflação acumulada desde o último aumento.

As imagens da capa dos jornais reafirmam esse discurso: a *Folha* apresenta manifestantes em meio ao fogo ateado a catracas de papelão bloqueando a Avenida 23 de maio e o *Estado* mostra manifestantes encapuzados pulando sobre uma cabine da polícia militar derrubada em plena Avenida Paulista. O *Estado de S.Paulo* descreve nestes termos a manifestação do dia anterior:

Um protesto contra o aumento das passagens do transporte público levou caos ontem à região central de São Paulo em pleno horário de pico. Protegidos por barricadas de fogo, cones e lixo, manifestantes fecharam as Avenidas Paulista, 23 de Maio e 9 de Julho, depredaram as Estações Consolação, Trianon-Masp e Brigadeiro do Metrô, além de um acesso da Vergueiro, e destruíram lixeiras e novos pontos de ônibus que foram encontrando pelo caminho. Pelo menos 50 pessoas ficaram feridas, segundo organizadores, incluindo o fotógrafo do *Estado* Daniel Teixeira.

Diante desse cenário, a atuação repressiva da polícia militar é vista apenas como reação ao vandalismo dos manifestantes, conforme destaca a manchete de uma das matérias da *Folha*:

A PM utilizou balas de borracha e gás para tentar conter depredação

No meio da manhã, respaldado pelos meios de comunicação, o governador de São Paulo Geraldo Alckmin, do PSDB, dá declarações apoiando a ação policial da quinta-feira:

Isso não é manifestação, é vandalismo. Por isso você tem que tratar como tal: vandalismo. Não é possível aceitar depredação do patrimônio público e prejuízo para a população. (...) Não é aceitável o que foi feito. É uma atitude totalmente absurda e a polícia tem de agir. A polícia não pode se omitir.

Depois, no Twitter, reafirma:

@geraldoalckmin_: Sim à liberdade de manifestação; não ao vandalismo, que prejudica a população.

@geraldoalckmin_: É dever da @PMESP proteger as pessoas, o patrimônio público e o direito de ir e vir.

No início da tarde, o Metrô divulga nota estimando em R$ 73 mil reais os prejuízos causados pelos "atos de vandalismo" do dia anterior, correspondentes aos vidros quebrados nas estações Brigadeiro e Trianon-MASP. O coletivo Rizoma, que participava das manifestações e é formado por estudantes da Universidade de São Paulo, publica em seu blog o seguinte cálculo:

Fazendo as contas aqui rapidamente...
(O metrô de São Paulo atende em torno de 4 milhões de passageiros por dia.)

- **Passagens (IDA E VOLTA): R$ 6,40**
- **Passageiros por dia: 4 milhões**

Obs.: 40% são estudantes (3,20 por dia) / 60% não estudantes (6,40 por dia)
Estudantes – 1600000 * 3,20 = R$ 5.120.000,00
Não estudantes – 2400000 * 6,40 = R$ 15.360.000,00
Total de ganho do metrô por dia:

- **Por dia R$ 20.480.000,00**
- **Por hora R$ 1.024.000,00**
- **Por minuto R$ 17.066,67**

Conclua-se que: Em 4 minutos e 30 segundos o Metro de São Paulo tem um ganho de R$ 73.386,67.

O MPL tenta se defender das acusações de vandalismo por meio de uma nota pública na qual argumenta que o início da violência deveria ser atribuído à polícia e que as depredações noticiadas tinham sido uma reação à repressão policial:

Exercendo seu legítimo direito de se manifestar, as pessoas ocuparam importantes vias da capital e em seguida sofreram repressão violenta por parte da polícia militar. A população revoltada com o abusivo aumento das tarifas reagiu e revidou a agressão dos policiais – que, vale a pena lembrar, possuem armas e bombas. (...) As imagens dessa repressão brutal podem ser vistas em toda a mídia e em vídeos nas redes sociais. (...) As depredações só se iniciaram depois de um segundo momento de repressão brutal e prisões, realizadas na região da Avenida Paulista. O Movimento Passe Livre não incentiva a violência, mas (não consegue) controlar a frustração e a revolta de milhares de pessoas com o poder público e com a violência da polícia militar.

Um pouco mais tarde, pela primeira vez, a prefeitura tenta contatar o movimento. Um assessor do prefeito convida uma militante do MPL para uma "conversa franca, de cidadão para cidadã", para avaliar a situação e discutir as políticas de transporte da gestão. O MPL se nega a participar do encontro informal, afirmando querer uma interlocução não entre cidadãos, mas entre movimento social e governo municipal. O movimento também exige que a reunião tenha como pauta única a revogação do aumento da tarifa. O diálogo, no entanto, não avança.

Foi assim, no contexto produzido pelos meios de comunicação e declarações de autoridades públicas, que o MPL conduziu seu segundo grande ato, 24 horas depois do primeiro. A manifestação partiu do Largo da Batata, espécie de centro comercial do bairro de Pinheiros, em direção à

Marginal Pinheiros, uma das duas grandes vias expressas que definem o centro expandido da cidade.

Embora a cidade estivesse relativamente acostumada a manifestações nas avenidas do centro, não havia muitos precedentes de passeatas que tentassem bloquear vias expressas – muito menos uma tão essencial como a Marginal Pinheiros, considerada a segunda via da América do Sul em volume de tráfego de veículos.

A manifestação reúne cinco mil pessoas (segundo a polícia militar) e ocupa as vias laterais da Marginal por cerca de 20 minutos. Ao contrário do dia anterior, a atuação da polícia é pontual: com bombas de concussão e de gás lacrimogêneo, tenta impedir que os manifestantes que estão na pista lateral ocupem também as faixas principais da Marginal, bloqueando a avenida inteira. Nesse momento, militantes do Black Bloc respondem à ação repressiva da polícia e evitam a dispersão dos manifestantes.

O Black Bloc nasceu no movimento autonomista da Alemanha nos anos 1980, quando manifestantes utilizavam máscaras e se vestiam de negro para dificultar a identificação da polícia (por isso foram apelidados de *der schwarze Block* ou "o bloco negro"). No final dos anos 1980, o bloco negro se ocupava sobretudo de oferecer proteção às passeatas, impedindo a infiltração de agentes provocadores e protegendo os manifestantes dos ataques da polícia. Uma década mais tarde, nos protestos contra a OMC em Seattle, o Black Bloc reapareceu nos Estados Unidos como um grupo orientado à destruição de propriedade privada como forma de protesto. Nesse momento, o grupo gera muita controvérsia entre os ativistas porque não aceita subordinar sua tática de destruição de propriedade à estratégia de não violência definida pelo conjunto mais amplo dos manifestantes.

É principalmente a imagem do Black Bloc americano que prevalece no imaginário do Black Bloc brasileiro (a começar pelo nome em inglês). No entanto, na manifestação do dia 7, o Black Bloc assume uma postura mais "clássica", articulando suas ações com a estratégia geral do MPL e se esforçando para proteger os manifestantes, ao invés de expôlos a mais violência.

Seja porque a polícia foi mais comedida, seja porque o Black Bloc foi eficaz em contê-la, a manifestação termina uma hora e meia depois, sem incidentes de violência relevantes. No entanto, a ousadia de bloquear a Marginal Pinheiros desperta a ira de setores conservadores da sociedade paulistana. O promotor de justiça Rogério Leão Zagallo, da 5ª Vara do Júri de São Paulo, publica a seguinte mensagem na sua página pessoal no Facebook, gerando grande repercussão:

Estou há 2 horas tentando voltar para casa, mas tem um bando de bugios revoltados parando a avenida Faria Lima e a Marginal Pinheiros. Por favor, alguém poderia avisar a tropa de choque que essa região faz parte do meu Tribunal de Júri e que se eles matarem esses filhos da puta eu arquivarei o inquérito policial. Petistas de merda. Filhos da puta. Vão fazer protesto na puta que os pariu... Que saudade da época em que esse tipo de coisa era resolvida com borrachada nas costas dos medras...

08 de junho, sábado
e
09 de junho, domingo

IMPRENSA REFORÇA TESE DE VANDALISMO
PROTAGONISMO É ATRIBUÍDO A PARTIDOS
HADDAD É CHAMADO A APRESENTAR AGENDA PARA TARIFA
PREFEITURA DESENHA ESTRATÉGIA
PROMOTOR SE DESCULPA

No sábado, os meios de comunicação de massa reforçam o discurso contra o vandalismo das primeiras coberturas. Além disso, criticam os métodos do movimento de bloquear as vias da cidade, responsabilizando as manifestações pelos altos índices de congestionamento. Por fim, desqualificam os manifestantes, que são apresentados como punks e membros de partidos sem maior expressão política.

Na crítica ao vandalismo, a intervenção mais dura é o editorial do jornal *O Estado de S.Paulo*, que, além de denunciar a depredação, pede maior rigor na ação policial e sugere a conivência do governo municipal do Partido dos Trabalhadores:

Não passou de um festival de vandalismo a manifestação de protesto contra o aumento da tarifa de ônibus, metrô e trem, que na quinta-feira paralisou importantes vias da capital paulista, entre 18 e 21 horas. Esse é mais um dia que vai entrar para a já longa lista daqueles em que a maior cidade do País ficou refém de bandos de irresponsáveis, travestidos de manifestantes. Apesar de há muito o atrevimento desses grupos não ser uma novidade para os paulistanos, desta vez a população teve motivos para se assustar mais do que por ocasião de outros protestos, por causa de sua fúria destrutiva. (...) Para tentar entender esse protesto, é preciso levar em conta as muitas coisas que estão por trás dele. Uma delas é o fato de o Movimento Passe Livre ser pura e simplesmente contra qualquer tarifa, ou, se se preferir, a favor de uma tarifa zero. Ele não se opõe ao aumento da tarifa de R$ 3 para R$ 3,20, mas a ela própria. Ou seja, não há acordo possível e, como seus militantes são radicais, qualquer manifestação que promovam só pode acabar em violência. As autoridades da área de segurança pública, já sabendo disso, deveriam ter determinado à polícia que agisse, desde o início do protesto, com maior rigor. (...) Para não ficar mal com os chamados movimentos sociais, por razões políticas, as autoridades têm tolerado os seus desmandos. Agora mesmo, o prefeito Fernando Haddad, em vez de condenar o vandalismo promovido pelo Movimento Passe Livre, se apressou a informar que está aberto ao diálogo. Vai discutir com esse bando de vândalos a tarifa zero?

Embora com menor intensidade, o jornal *Folha de S.Paulo* também critica as manifestações, atribuindo-lhes caráter violento. A manchete da capa de sábado indica:

Manifestantes causam medo, param marginal e picham ônibus

Na matéria, o argumento de que os protestos prejudicam a população ao interromper o trânsito ganha força. Além disso, o vandalismo passa a ser visto como instigador do medo, com notícias sobre o fechamento do comércio nos locais dos protestos e dispensa de alunos e funcionários de escolas e empresas da região:

Após cenas de vandalismo anteontem na região central, uma nova passeata levou comerciantes a baixarem portas, empresas a dispensarem funcionários e uma escola de Pinheiros a convocar os pais para buscar os alunos antes. (...) Hélio Marcos Toscano, diretor do colégio Palmares, de Pinheiros, contou que decidiu antecipar em uma hora a saída dos alunos pelo temor de que cenas de confronto do dia anterior se repetissem. "Como não tínhamos segurança da dimensão que isso poderia tomar, resolvemos garantir a tranquilidade de pais e alunos", afirmou.

Ainda na *Folha*, à desqualificação dos meios, considerados violentos e geradores do medo, soma-se a deslegitimação dos responsáveis pelos protestos, apontados como estudantes, membros de partidos minoritários e radicais e punks:

O Passe Livre reúne jovens militantes e mistura integrantes do movimento estudantil, de grupos punk e membros de partidos de esquerda. (...) O movimento diz ser 'independente e apartidário', apesar de não ser contra partidos. Na prática, três partidos políticos apoiam e dão orientação aos manifestantes: PSOL, PSTU e PCO.

Por fim, o movimento é acusado de intransigência e de não querer dialogar com o poder público. Também na *Folha*, o secretário de relações governamentais da prefeitura, João Antônio, declara:

Convidamos uma comissão para conversar, mas eles se recusaram.

A despeito do ataque unânime da imprensa, a pressão do movimento se faz sentir: o prefeito Fernando Haddad é entrevistado pelo jornal *O Estado de S.Paulo* para apresentar suas propostas para o problema da tarifa. O prefeito começa a entrevista reconhecendo a importância da demanda por transporte mais barato, embora levante dúvidas sobre a legitimidade do movimento devido aos "atos de violência". Haddad justifica o aumento dado e reforça a inviabilidade de revogá-lo.

Tirante aí os atos de violência completamente injustificáveis, eu penso que esse fenômeno relativamente novo tem um fundamento interessante, que dialoga com a questão da mobilidade urbana, da emissão de carbono,

com a questão social. Apesar de estar dialogando com uma agenda importante, o movimento está defasado no que diz respeito ao debate público, porque os prefeitos já estão fazendo uma proposta concreta de subsídio à tarifa de ônibus a partir da municipalização da Cide, que é o imposto sobre gasolina. Essa proposta é mais avançada do que tudo que se discutiu. (...) Acabamos de conseguir com a presidenta a desoneração de cota patronal, PIS e Cofins. Tem um projeto de lei tramitando no Congresso Nacional que amplia as desonerações, tem uma discussão sobre ICMS que incide sobre o diesel consumido pelo transporte público. Então, é uma agenda que interessa ao País. (...) O modelo correto é botar essa discussão na agenda política porque ela é importante. Mobilizou a presidência da República. Então, é importante. É importante para o prefeito, para o governador e para o presidente da República.

A situação orçamentária do prefeito é difícil. Enquanto outras prefeituras tinham concedido o aumento em janeiro, Haddad o havia postergado a pedido da presidenta Dilma, para ajudar a conter a inflação no primeiro semestre. Em troca do sacrifício, a presidenta havia prometido uma desoneração de tributos que dava margem para um aumento da tarifa abaixo da inflação. Para os prefeitos que tinham aumentado a tarifa em janeiro, essa desoneração criava uma folga que permitia que cedessem a protestos contra o aumento das passagens sem que o impacto orçamentário fosse grande. Mas isso não funcionava para Haddad, já que a prefeitura de São Paulo tinha consumido essa margem ao dar o aumento bem mais tarde e abaixo da inflação.

Haddad também tinha planos adicionais para o setor dos transportes. Ele estava preparando um estudo em que mostrava como a municipalização da Cide, o imposto federal sobre a gasolina, poderia ser utilizada para ampliar o subsídio do transporte público, talvez até para elevá-lo a padrões europeus – algo como um terço da tarifa. A ideia era costurar a proposta com a Frente de Prefeitos e levá-la madura para a presidenta Dilma, de maneira que, em 2014, em pleno ano eleitoral, as passagens pudessem ser reduzidas, contando talvez com a ajuda adicional de outras desonerações tributárias em discussão no Congresso.

Assim, no início dos protestos, a estratégia política do prefeito para lidar com eles é frisar, nos meios de comunicação, que a população de São Paulo havia tido ganhos com o baixo e tardio aumento da tarifa e que existia vontade política de buscar ainda mais recursos para ampliar o subsídio, além de ele ter sido abaixo da inflação. Por esse mesmo motivo, o prefeito apresenta a demanda do movimento como uma reivindicação despropositada.

Haddad sabe o quanto as manifestações de 2011 tinham incomodado o ex-prefeito Gilberto Kassab, mas avalia que por estar no começo da gestão pode reverter um eventual desgaste nos meses que o separam das próximas eleições. Mais especificamente, a prefeitura avalia que é capaz de suportar sem grandes dificuldades as 6 semanas de protesto que Kassab enfrentou se conseguir apresentar o movimento como insensato e violento e colocá-lo numa dispersiva mesa de negociação técnica na qual entrem outros elementos, como o bilhete único mensal (que permite utilizar livremente o sistema, mediante pagamento de uma tarifa mensal), os novos corredores de ônibus, a renovação das concessões às empresas de ônibus e a proposta de municipalização da Cide.

No domingo, o movimento tem uma pequena vitória simbólica. O promotor que havia pedido a morte dos manifestantes é obrigado a se retratar publicamente devido à dimensão da controvérsia da sua declaração inicial e publica novamente em sua página no Facebook:

Prezados amigos. Com relação ao post que circulou em minha página do Facebook na última sexta-feira, sobretudo diante de sua enorme repercussão, venho aqui novamente para expressar o quanto segue: (...) QUE, apesar de entender que o MPL estava exercitando um direito legítimo, discordo, democraticamente, da forma de protesto. De fato, acredito que o MPL estava rigorosamente dentro da legitimidade ao protestar contra o aumento da tarifa de ônibus, todavia, não me retrato (da permanência em minha página) acerca do mérito do comentário, pois, não concordo com a forma de execução (...) QUE o comentário foi fruto puramente de desabafo feito por pessoas que estavam há muito tempo paradas no trânsito (3 horas ao total), mas que tinham compromisso com seus filhos de poucos anos de idade que os aguardavam sozinhos para serem apanhados. (...) Sobre esse assunto, invoco o editorial de um dos mais respeitados e lidos jornais do Brasil,

O Estado de S.Paulo, publicado no dia de ontem (09/06). (...) O respeitado jornal *O Estado de S.Paulo* fala em "MA-NIFESTAÇÃO SELVAGEM" e "BANDO DE VÂNDALOS". Nesse sentido, entendo que muitas pessoas que necessi-tavam de auxílio médico ou que tinham compromissos pessoais e profissionais ficaram cerceados de alguns de seus [sic] comezinhos direitos, entre eles, o de ir e vir. Por sinal, registro que recebi – e tenho recebido – inúmeras manifestações de apoio e concordância, o que demonstra a viabilidade do desabafo perante algumas camadas da sociedade que também se sentiram importunadas com tais atos; (...) Agradeço a todos e, com essa explicação, espero ter ajudado a colocar uma pá de cal nessa celeu-ma que, involuntariamente, dei causa.

# 10 de junho, segunda-feira

PREFEITO E GOVERNADOR VIAJAM A PARIS
PROMOTOR SOFRE INQUÉRITO
VEREADORES DO PT EXPLICAM RELAÇÃO COM PASSE LIVRE
MPL SE DECLARA ABERTO AO DIÁLOGO
JUVENTUDE DO PT ADERE À LUTA CONTRA O AUMENTO
GOIÂNIA SUSPENDE O AUMENTO

A semana começa com o prefeito e o governador ausentes. Ambos estão em Paris para defender a candidatura da cidade de São Paulo para a Expo 2020 em reunião do Escritório Internacional de Exposições. A Exposição Mundial é o terceiro maior evento do mundo, depois da Copa do Mundo e das Olimpíadas, e tanto o prefeito como o governador veem a realização da exposição em São Paulo como uma maneira de ampliar o turismo e a imagem da cidade no exterior. A ida a Paris em meio a uma onda de protestos pode passar, no entanto, uma imagem de negligência com a ordem social.

Logo no começo do dia, o movimento recebe duas boas notícias. Pela manhã, a ONG Artigo 19, que defende a liberdade de expressão, publica nota apoiando o direito de manifestação e criticando os abusos da ação policial que estavam cerceando um direito constitucional:

Em São Paulo, duas grandes manifestações ocorreram nos dias 6 e 7 de junho e, segundo a policia militar, mobilizaram cerca de 2.000 manifestantes no primeiro dia e 5.000 no segundo dia.(...) O que chama a atenção nesses protestos, tanto em São Paulo quanto nas demais cidades, é o uso da força policial utilizada pelo Estado para reprimir e coibir aquilo que o Brasil reconhece em sua Constituição Federal e em diversos tratados internacionais como um direito humano, o direito à liberdade de expressão. O direito de protesto é um desdobramento da liberdade de expressão, do direito de reunião e associação pacífica. Nesse sentido, o Alto Comissário de Direitos Humanos das Nações Unidas já reconheceu que o "Estado deve reconhecer o papel positivo de protestos pacíficos como uma forma de fortalecimento dos direitos humanos e da democracia". (...) (Assim,) o que se tem visto no contexto de protestos no Brasil nos últimos tempos, e em especial nas recentes manifestações é que a ação do Estado e da polícia está muito mais voltada para a repressão das manifestações do que para garantir que elas ocorram da melhor maneira possível.

Além disso, o Ministério Público de São Paulo publica nota informando que vai abrir inquérito para apurar a conduta do promotor que havia pedido a morte dos manifestantes no Facebook:

A Corregedoria-Geral do Ministério Público do Estado de São Paulo instaurou, nesta segunda-feira (10), Reclamação Disciplinar para apuração dos fatos atribuídos ao Promotor de Justiça Rogério Leão Zagallo, relativos a comentários nas redes sociais.

Finalmente, o centro acadêmico João Mendes, da Universidade Mackenzie, onde ele leciona, também pede abertura de procedimento para apurar os fatos:

O Centro Acadêmico João Mendes Júnior vem acompanhando com grande tristeza a repercussão das últimas declarações feitas pelo Sr. Rogério Zagallo, professor da Faculdade de Direito da Universidade Mackenzie, postadas no Facebook. As manifestações do Sr. Zagallo, que não são as primeiras no mesmo sentido, demonstram a incapacidade na compreensão da realidade político-social do nosso país, o que, de longe, não pode e não é aceito pela comunidade acadêmica mackenzista. Muito nos entristece que a nossa Faculdade ainda seja frequentada por posicionamentos limitados e injustificáveis para quem exerce a nobre função de professor. Esperamos que o momento seja utilizado para refletirmos sobre em que tipo de sociedade que queremos viver e lutar. O Centro Acadêmico pedirá que a Diretoria da Faculdade de Direito abra procedimento interno para averiguar o caso.

Na *Folha de S.Paulo*, um vereador da situação apresenta as propostas de transporte da prefeitura, o prefeito é chamado a se posicionar sobre a legitimidade dos protestos e o secretário de governo a justificar sua relação anterior com o Movimento Passe Livre, durante a gestão do ex-prefeito Gilberto Kassab.

Na seção de artigos opinativos, o jornal publica texto do urbanista e vereador petista Nabil Bonduki, apresentando as políticas de transporte da gestão e a maneira como pretende enfrentar o problema da tarifa:

O governo federal, preocupado com o nível de emprego na indústria automobilística, vinha privilegiando apenas a redução dos impostos dos carros, estimulando seu consumo. A nova postura, resultado da interlocução do prefeito Fernando Haddad com a presidenta Dilma, poderá representar, se tiver continuidade, em um ponto de inflexão importante para estimular o transporte coletivo. É necessário estabelecer mecanismos para transferir recursos do uso do automóvel para o transporte coletivo, como, por exemplo, taxar mais fortemente os modelos de luxo e cobrar a Cide (Contribuição de Intervenção no Domínio Econômico) sobre os combustíveis para financiar obras de mobilidade sustentável. (...) Em São Paulo, uma maior redução na tarifa exige, por um lado, rigor na aferição dos custos das empresas de ônibus e, por outro, ganho de eficiência do sistema. Isso deverá ocorrer nos próximos anos, com a implantação de 150 quilômetros de corredores de ônibus e outro tanto de faixas exclusivas, conforme o plano de metas de Haddad.

Na mesma edição, o jornal entrevista o secretário de governo Antonio Donato para explicar o apoio dos vereadores da bancada ao MPL no passado:

Antonio Donato, secretário de Haddad, diz que os vereadores do PT "apoiaram a luta do Movimento Passe Livre" dois anos atrás porque a gestão Kassab (PSD) havia reajustado a tarifa de ônibus "muito acima da inflação". A bancada se insurgiu contra a "exorbitância". Ele diz que hoje é diferente, com reajuste aquém da inflação.

Por fim, ainda na *Folha*, o prefeito Fernando Haddad diz que o movimento não tem disposição para o diálogo e que precisa renunciar à violência:

Imaginávamos que haveria um contato deles até para esclarecermos nossa política tarifária, e não houve desejo de interlocução. (...) Uma pessoa eleita tem que estar aberta ao diálogo, mas o pressuposto disso é a renúncia à violência. Esses atos são incompatíveis com o debate.

Em resposta às críticas de intransigência e falta de disposição para o diálogo, o movimento publica nota em que declara estar disposto a negociar, mas tendo como pauta única a revogação do aumento:

O Movimento Passe Livre São Paulo está perfeitamente aberto ao diálogo; no entanto, não temos disposição em negociar algo diferente daquilo que a população está

exigindo nas ruas. Nas atuais mobilizações temos uma reivindicação clara: a REVOGAÇÃO DO AUMENTO.

Voltaremos ao centro na terça-feira às 17h na praça do ciclista e estaremos nas ruas dos bairros ao longo de toda a semana. A luta está só começando.

A cobrança da imprensa sobre a posição do PT quanto ao aumento deve-se ao fato de os protestos de 2011 terem tido a participação da juventude do partido e contado com significativo apoio parlamentar de pelo menos três vereadores petistas: Antonio Donato (agora secretário de governo), Juliana Cardozo (que segue vereadora) e José Américo (que também segue vereador e é presidente da Câmara Municipal). Embora o secretário Donato tenha se manifestado à imprensa dizendo que o aumento de 2011 é completamente diferente do aumento de 2013, a Juventude do PT não faz essa distinção e segue em 2013 participando da campanha contra o aumento. No final da manhã, essa opção, que já se via nas ruas, torna-se pública, com uma nota no site do partido:

A juventude do PT integra há anos as lutas contra os aumentos das passagens por entender que estas medidas só favorecem o lucro das empresas, seja por meio da tarifa ou pelo aumento de subsídios. (...) Enquanto algumas cidades da Região Metropolitana e do Vale do Paraíba reduzem suas tarifas, beneficiando estudantes e trabalhadores, os aumentos da prefeitura da capital e do Governo do Estado oneram o orçamento de quem utiliza

o transporte público e preservam a alta lucratividade das empresas. **Neste sentido, a Juventude do PT vem a público reivindicar a reversão dos aumentos das passagens e manifestar sua solidariedade e apoio aos movimentos que lutam contra esses aumentos. Mais que isso: conclamamos a militância petista a participar ativamente das manifestações e comitês, a começar pelo ato do dia 11 de junho, às 17h, na Praça do Ciclista, Av. Paulista! (...) Pela imediata reversão dos aumentos!**

O posicionamento público da Juventude do PT em apoio à luta contra o aumento revela algumas das disputas que existem no partido, sobretudo entre a nova geração. O apoio público ao movimento tem grandes consequências, já que a campanha contra o aumento está muito mais orientada às passagens de ônibus (a cargo do município) do que às de metrô e trem (de responsabilidade do governo do Estado). Isso se deve tanto ao fato de o MPL acreditar que um governo de esquerda seja mais sensível a pressões populares, como ao fato de o movimento ter sido historicamente constituído na luta contra os aumentos de ônibus. No entanto, essa opção gera desconfiança dos interlocutores na prefeitura, os quais veem a centralidade no aumento dos ônibus ora como evidência da proeminência dos partidos de oposição de esquerda (PSOL, PSTU e PCO) na campanha, ora como evidência de uma excessiva visibilidade dada às manifestações pela imprensa como uma tentativa de desgastar o governo.

Depois da adesão da Juventude do PT, o movimento tem, no final do dia, outra notícia positiva. A imprensa eletrônica publica e as redes sociais difundem a revogação temporária do aumento das passagens de ônibus em Goiânia por um juiz estadual, após semanas de protestos duramente reprimidos pela polícia. O coletivo Tarefa Zero Goiânia descreve essa vitória parcial:

Após cinco manifestações e dura repressão policial, o aumento da tarifa do transporte público na Região Metropolitana de Goiânia foi suspenso. Depois de vinte dias de cobrança de R$ 3,00 por passagem, o valor volta aos R$ 2,70 cobrados anteriormente, até que se tenha uma decisão definitiva. (...) Apesar de seu caráter temporário, até serem feitos novos cálculos sobre o reajuste, a medida é uma conquista dos usuários do transporte coletivo, trabalhadores e estudantes pelas suas manifestações nas ruas da capital goiana, mesmo com toda repressão e criminalização que tentam infligir aos manifestantes. É também uma mostra de que é possível barrar os vários aumentos de tarifa que vêm ocorrendo pelo Brasil.

11 de junho, terça-feira

MPL SOLICITA REUNIÃO COM PREFEITO E GOVERNADOR
REJEIÇÃO DE HADDAD AUMENTA
PREFEITO E GOVERNADOR SEGUEM EM PARIS
NA CÂMARA, SITUAÇÃO E OPOSIÇÃO SE MANIFESTAM SOBRE PROTESTOS
AUMENTA ADESÃO NO TERCEIRO GRANDE ATO
MANIFESTANTES SÃO PRESOS, ENTRE ELES UM JORNALISTA
SEDE DO PT É DEPREDADA

Nos últimos dias, por meio da imprensa, o prefeito e seus assessores, bem como o governador, haviam caracterizado o movimento como intransigente e indisposto ao diálogo, ainda que o governo do Estado não tivesse se posicionado e a prefeitura houvesse sinalizado abertura apenas para conversas informais. Para responder a esse discurso e reiterar sua disposição de conversar formalmente, o MPL protocola um pedido junto à prefeitura e outro junto ao governo do Estado, solicitando reunião:

MOVIMENTO PASSE LIVRE - SÃO PAULO
POR UMA VIDA SEM CATRACAS

A/C Exmo. Prefeito(a) em exercício [Governador em exercício]
A/C Prefeitura do Município de São Paulo [Governo do Estado de São Paulo]
Ref.
Revogação do aumento da passagem de ônibus municipal [de metrô]
Requeremos reunião de pauta única:
REVOGAÇÃO DO AUMENTO DA PASSAGEM DE ÔNIBUS MUNICIPAL [DO METRÔ]
Atenciosamente.

A situação da prefeitura, em particular, não era cômoda. A *Folha de S.Paulo* trazia pesquisa do Datafolha mostrando o crescimento da rejeição ao prefeito Fernando Haddad de 14% para 21%. O prefeito reconhece perante à *Folha* que o aumento da tarifa é um tema sensível à população e, portanto, aparece como fator de grande influência na mudança do índice:

O crescimento da rejeição ocorreu em uma semana em que foi anunciado um aumento da tarifa, que é sempre um assunto muito delicado.

De Paris, ele se esforça para demonstrar ao jornal que, embora distante, está atento ao que ocorre na cidade:

Temos uma sala de situação montada, onde vou acompanhar os eventos em tempo real, e a vice-prefeita [NÁDIA

CAMPEÃO, DO PCDOB] **permaneceu em São Paulo com a mesma finalidade, caso haja necessidade de alguma tomada de decisão. (...) Vou acompanhar permanentemente.**

Já o governador Geraldo Alckmin se exime mais uma vez de se pronunciar sobre a questão do aumento e se limita a reforçar sua crítica ao vandalismo nos protestos:

Uma coisa é movimento, que tem de ser respeitado, ouvido e dialogado [sic]. Isso é normal e é nosso dever fazê-lo. Outra coisa é vandalismo, interromper artérias importantes da cidade, tirar o direito de ir e vir das pessoas, depredar o patrimônio público (...) Aí é caso de polícia, e a polícia tem o dever de garantir a segurança das pessoas.

No final da tarde, em sessão da Câmara Municipal, diversos vereadores se posicionam com relação às manifestações. O primeiro a falar sobre os protestos é o vereador Ricardo Young, um dos líderes do Partido Popular Socialista (PPS) e importante articulador em São Paulo da Rede de Sustentabilidade, novo partido de Marina Silva. A Rede procura participar ativamente dos protestos, já que uma parte desse partido vê os novos movimentos como fonte de inspiração para a criação de um "partido-movimento". O vereador diz:

Senhor presidente, eu estou bastante preocupado com as manifestações que vêm ocorrendo na cidade em função do aumento dos ônibus. Embora o aumento pareça

legítimo e o prefeito Haddad já tenha dado várias explicações a respeito, me parece que a insatisfação popular é crescente e há muito tempo não víamos uma repressão a esses manifestantes como nós vimos durante essa semana. Alguns alegam que a repressão é necessária, pois vários atos de vandalismo foram perpetrados; outros alegam que não houve atos de vandalismo e eles só ocorreram como resposta à repressão. E de novo nós estamos vendo uma discussão sobre a liberdade de manifestação ou repressão a essa liberdade e o mérito da questão que é a razão pela qual essas manifestações estão ocorrendo não está sendo tratado nem pela imprensa nem por esta casa e nem pela prefeitura. (...) Espero que as (manifestações) de hoje sejam as mais pacíficas possíveis, mas espero também que a força policial garanta a liberdade de manifestação. A questão mais importante hoje é: para quem está indo o subsídio? A quem o subsídio está atendendo e a eficiência das empresas concessionárias.

Em seguida, o vereador Andrea Matarazzo, segundo vereador mais votado nas eleições de 2012 e um dos mais importantes líderes do PSDB, partido do governo do Estado, ataca os manifestantes:

Efetivamente, os ônibus da nossa cidade precisam urgentemente de uma reforma, uma melhoria de qualidade. Mas o que temos assistido são atos de vandalismo, paralisação da cidade, paralisação de principais avenidas e quando, mais uma vez, a cidade tem um problema dessa

magnitude, onde está o prefeito Fernando Haddad? (...)
Prefeito Fernando Haddad, como é moda entre alguns
petistas de alta plumagem, está na Europa; cansou de fis-
calizar o Arco do Futuro (projeto de operação urbana)
e foi visitar o Arco do Triunfo, em Paris, num momento
complicado, difícil, em que vemos a cidade ser paralisada
por uma série de grupos irresponsáveis, que em deter-
minado momento, inclusive, tiveram apoio do PT. É o PT
sentindo na pele aquilo que faziam com outros governos.

O vereador Arselino Tatto, do PT, irmão do secretário de transportes Jilmar Tatto, também se opõe às
manifestações, mas nega que a cidade esteja abandonada
numa situação difícil:

A cidade está vendo, aí, alguns manifestantes – e eu de-
fendo a manifestação pacífica; agora, eu não defendo o
vandalismo que aconteceu na semana passada. Depredar
estações de trem, depredar ônibus? (...) Todo o direito à
manifestação livre, democrática. Agora, depredar patri-
mônio público? Aí a polícia tem que agir sim. Não com
truculência; uma polícia para ficar lá, para impedir que
ocorra depredação. Agora, dizer que a cidade está em
polvorosa? Que polvorosa?

Toninho Vespoli, primeiro vereador eleito pelo
PSOL para a Câmara Municipal, faz a defesa mais explícita
do movimento dentre as várias declarações e critica a ausência de debate sobre o transporte público na Câmara:

Eu quero me manifestar assim: eu estava junto – (mas) não nas manifestações agressivas. Quero deixar bem claro: Nós do PSOL... [interrupção do Presidente da Câmara, José Américo (PT): "Você não participou do quebra--quebra? Sei"...] Nós do PSOL somos a favor da manifestação, somos contra qualquer tipo de manifestação que tenha apedrejamento ou qualquer coisa que destrua o patrimônio público ou privado. (...) Eu acho que tem um debate para se fazer nessa casa, que é: qual a qualidade desse transporte? Eu sou da Zona Leste, de Sapopemba e quero fazer o convite para os nobres vereadores e vereadoras para pegar às 7h da manhã (o trem da) CPTM na Zona Leste, para ver quanto tempo vai tomar para conseguir entrar no vagão e qual a condição em que vai ser transportado naquele vagão. (...) (Nós) vereadores infelizmente caímos no senso comum da imprensa sobre vandalismo e nos esquecemos de discutir o principal, que é a questão da qualidade e do custo do transporte. (...) Eu fico muito triste em saber que ambos, tanto PT como PSDB, acabam tendo a mesma propositura de criminalizar o movimento social, coisas que pelo menos boa parte do PT antes não fazia. Inclusive tinha vereadores (que) em 2011 davam força ao pessoal do Movimento do Passe Livre. Quando a gente é governo fala uma coisa, quando é oposição fala outra. Oportunismo às vezes cabe em todos os lados nesta casa.

O vereador e ex-ministro dos esportes Orlando Silva, do PCdoB, partido da vice-prefeita, enfatiza a suposta recusa do MPL em dialogar com a prefeitura, além de fazer dura crítica à estratégia do movimento nas ruas:

> Já foram duas manifestações; devo dizer, para os vereadores que não têm essa informação, que o prefeito Fernando Haddad constituiu alguns de seus secretários para receber uma comissão desses jovens que protestam na cidade de São Paulo e o que houve foi uma negativa de sentar e dialogar com a prefeitura para avaliar qual pleito, qual reivindicação e qual o caminho para atender, ainda que parcialmente, à reivindicação desses grupos. (...) Mas não é protesto, não é reivindicação, não é manifestação atacar e destruir o patrimônio público. Não é razoável que você impeça de maneira arbitrária a circulação em determinados lugares da cidade que tem impacto sobre a vida de pessoas.

Finalmente, o vereador Rubens Calvo, do PMDB, também da situação, acompanha a perspectiva de Orlando Silva e reitera o prejuízo causado pela "baderna" dos "arruaceiros":

> Entendemos (como) justa a manifestação de alguns alunos. Porque se subentende que o aluno não está trabalhando. Agora não podemos entender líderes sindicais, outros verdadeiros bandidos, que se travestem de, ou se colocam (entre) os estudantes como escudo e vêm arrebentar a cidade de São Paulo, vêm paralisar a Avenida Paulista, um local que tem quase uma dezena de hospitais importantes,

atravancando o trânsito, produzindo uma verdadeira guerra campal. Não é dessa forma que nós vamos reivindicar e muito menos deveria ser o motivo da queda da popularidade do Haddad. Até porque toda a população de São Paulo está muito revoltada com esses arruaceiros. Eu sempre militei na esquerda, mas nunca impedi um trabalhador de chegar na sua casa depois de um dia extenso, nunca impedi uma ambulância de atravessar pra socorrer uma vida. Nós não podemos admitir a baderna na cidade de São Paulo. A polícia militar não pode perder o controle do governo, tem que proteger as lojas, tem que proteger outros transportes públicos da depredação. Muito triste.

No final da tarde, logo após o encerramento da sessão na Câmara, tem início o terceiro grande ato contra o aumento da tarifa. A manifestação se concentra na Avenida Paulista e, mesmo sob forte chuva e enfrentando diversos bloqueios policiais que impedem o trajeto, 15 mil pessoas seguem até o Terminal Parque Dom Pedro, principal terminal de ônibus do centro da cidade, onde sofrem dura repressão policial. Lá, os manifestantes se dispersam em grupos, mas continuam a seguir por rotas distintas para retornar à Avenida Paulista.

Ao chegarem à avenida, no vão livre do Museu de Arte de São Paulo (MASP), são novamente atacados pela polícia militar. Ao longo das seis horas de protesto, 20 pessoas são presas – dentre elas, um repórter do Portal Aprendiz (ONG educacional de São Paulo) – e outras duas são atropeladas por um automóvel – cujo motorista foge sem prestar socorro – no meio da manifestação.

Enquanto a perseguição a manifestantes segue no centro da cidade, vai ao ar na Rede Globo uma edição do programa semanal *Profissão Repórter*, apresentando as deficiências do sistema de transporte, assim como as péssimas condições de trabalho dos motoristas e cobradores de ônibus.

Por toda a noite, as ondas de repressão policial motivam depredações, pichações e queima de sacos de lixo. Além de estações do metrô e agências bancárias, é depredada a sede do Partido dos Trabalhadores. Apesar da tentativa de militantes do MPL de impedir o ataque, o prédio tem seus vidros quebrados e o muro pichado. O movimento liga imediatamente para lideranças do partido para se desculpar por não ter conseguido conter os manifestantes. Ainda assim, a blogueira petista Maria Frô se indigna com o ocorrido:

Depredar sedes de partidos de história popular, progressista, de esquerda, sempre foi ação de fascistas, historicamente grupos que fazem isso foram sempre brigadas fascistas. Não se depreda propositalmente sedes de partido, de nenhum partido. (...) A depredação da sede do PT é uma ação fascista sim e espero que o MPL se posicione fazendo mais que lavar as mãos. Mas confesso que minhas questões são anteriores à depredação da sede do PT Nacional. (...) Acho que temos de nos mobilizar sim e temos de repudiar a barbárie da repressão policial sobre as manifestações. Mas partidarizar este movimento é enfraquecê-lo, reduzir as reivindicações do movimento a abaixar a tarifa apenas do ônibus sem discutir preços

das tarifas do transporte público nas mãos do governo do Estado (metrô e trens da CPTM) e, principalmente, sem discutir a qualidade destes transportes é não apenas enfraquecer o movimento, mas tirar seu grande significado e propósito: pôr em debate a mobilidade urbana desta cidade tão cruel a todos os habitantes, mas especialmente cruel a seus moradores mais pobres.

12 de junho, quarta-feira

DISSEMINAÇÃO DE RELATOS DE VIOLÊNCIA POLICIAL NAS REDES SOCIAIS
IMPRENSA DENUNCIA VANDALISMO E DIFUNDE IMAGEM DE POLICIAL AGREDIDO
GOVERNADOR E PREFEITO CONDENAM VIOLÊNCIA EM PROTESTOS
RIGOR PENAL CONTRA DETIDOS
MINISTÉRIO PÚBLICO TENTA MEDIAÇÃO COM PREFEITURA E GOVERNO
JORNAIS TELEVISIVOS PEDEM AÇÃO FIRME CONTRA VANDALISMO

A quarta-feira amanhece com relatos de violência policial nas redes sociais e relatos de vandalismo dos manifestantes nos jornais – ambos disputando a narrativa do terceiro grande ato contra o aumento. Nas redes sociais, manifestantes agredidos relatam a experiência do dia anterior, na qual se misturam a indignação com a violência sofrida e a satisfação com a solidariedade da população. Um dos relatos públicos que circulam no Facebook diz:

Bom dia para quem está acordando (...) estou escrevendo isso agora porque estou muito indignado para dormir (...) estou chegando do 3º Grande Ato pela redução do preço

da passagem em São Paulo, mais precisamente da Santa Casa, após ser covardemente golpeado na cabeça por um soldado da tropa de choque que não consegui identificar (por sorte, fiz uma tomografia e não tive nenhum dano mais sério!) (...) eu estava afastado do tumulto, isolado com minha câmera em punho (...) fotografando o momento mais tenso da manifestação na Av. Paulista, enquanto a tropa de choque detonava bombas de efeito moral, além de muito gás lacrimogêneo (...) quando caí, pessoas que nem estavam na manifestação e viram a covardia do soldado me arrastaram para dentro do metrô (...) tentei voltar pra casa, mas não consegui andar por conta a dor (...) fui guiado por passageiros (anjos) até a Consolação (...) tenho que agradecer aos funcionários daquela estação que cuidaram de mim e me levaram para o hospital com muito zelo, mesmo com chuva e bombas explodindo adiante (...) também fui muito bem atendido na Santa Casa (...) e aí é que vem a parte interessante: eu estava meio depressivo, mas uma médica virou pra mim e disse: "Obrigado por defender nossos direitos! Fica tranquilo que a gente vai cuidar de você!" (...) e cuidaram! (...) acabei ficando amigo de metade da enfermaria, dentre médicos e pacientes (...) com tudo isso cheguei à seguinte conclusão: QUINTA SERÁ MAIOR! ... e não darei a outra face!

O site TarifaZero.org, ligado ao Movimento Passe Livre e um dos principais defensores da gratuidade do transporte como fundamento do direito à cidade, atribui o início da violência à ação da polícia:

A revolta foi estimulada de fora para dentro, por aqueles que têm o monopólio da violência e brinquedinhos capazes de realizar essa violência, contra outros que não podem fazer mais nada além de quebrar vidraças e lixeiras. Provavelmente amanhã leremos que o movimento como um todo tem como traço característico uma sede prioritária de violência. Não é verdade. Ainda que eu não caia nesse conto moralista e conservador sobre a violência. Nesta nossa sociedade, dividida em classes e mantida por um Estado agressivo, a violência é permanente: na fome, na miséria, na repressão ao desenvolvimento pleno de cada indivíduo, transformados um a um em meras máquinas de produção de riqueza para poucos. Policiais caçaram manifestantes pelas ruas. Só de uma delegacia soube de 25 detidos. Aguardo um número preciso. E enquanto escrevo isso, leio pelo twitter do Passa Palavra que "o delegado responsável pelas detenções na manifestação contra o aumento exige R$ 20 mil por detido em flagrante, independente da acusação". Já presenciei situações em que o Estado foi não só repressor, mas cruel: nas duas vezes em que nosso movimento reduziu as passagens em Floripa. Quanto mais eles batiam, mais o movimento crescia. A indignação por conta dessa violência superou a manipulação de informações e extrapolou os limites do alcance do movimento. Muitos vieram, não só contra a injustiça no transporte, mas contra a injustiça em relação à liberdade de lutar. Por sinal, um direito que temos apenas porque muitos se manifestaram, por vezes de forma mais intensa. Quinta-feira vai ser maior.

Um vídeo que causa grande repercussão, com centenas de milhares de compartilhamentos nas redes sociais, é o que mostra o jornalista da ONG educacional Aprendiz sendo espancado e depois preso. O vídeo, filmado de um edifício, mostra um grupo de seis policiais que encurrala, agride com cassetetes e depois prende o jornalista, que apenas caminhava por uma rua próxima ao local dos protestos.

Na imprensa, o abuso da repressão policial está praticamente ausente e o que domina a narrativa é a denúncia de vandalismo dos manifestantes. As manchetes da *Folha de S.Paulo* e do *Estado de S.Paulo*, acompanhadas de fotos com imagens que sugerem depredação, dão o tom da cobertura:

Contra tarifa, manifestantes vandalizam centro e Paulista

Confronto e destruição de ônibus e bancos marcam maior protesto contra tarifa

Na *Folha*, o início da violência é atribuído aos manifestantes e a repressão policial é apontada como reação:

Os manifestantes lançaram pedras e paus contra a PM, que atirou balas de borracha, bombas de efeito moral e gás de pimenta. Segundo a polícia, grupos atiraram até coquetéis-molotovs . (...) O primeiro confronto foi no terminal Parque Dom Pedro II quando o grupo furou o bloqueio policial. A força tática formou nova barreira e os policiais foram agredidos com pedras, paus e lixeiras. A PM revidou com

**bombas. (...) O tenente-coronel Marcelo Pignatari, coman-
dante da operação da PM, disse que a polícia só agiu depois
de ser agredida, para reestabelecer a ordem.**

Mais uma vez, a legitimidade dos protestos é questionada e os manifestantes são tratados como criminosos.
O comandante da operação policial declara à mesma *Folha*:

**O ânimo deles não é defender uma causa de redução da
tarifa de ônibus. É causar uma balbúrdia, uma baderna,
quebrar a ordem. Não vamos permitir.**

No *Estado*, o professor de direito administrativo
da Universidade de São Paulo, Floriano de Azevedo Marques
Neto, avalia:

**A manifestação que não está previamente autorizada e
impede o uso da via é uma "turbação do uso de bem público" – é como se alguém estivesse usando a varanda de
sua casa para fazer uma coisa que você não autorizou.
E é entendida como um ilícito para o qual se justifica o uso
da força policial.**

Na imprensa, uma única ressalva à interpretação
de que as manifestações contra o aumento da tarifa são atos
de violência que desencadearam uma justa reação da polícia é uma nota da *Folha*, comentando criticamente a prisão
de um repórter:

O repórter da Folha Leandro Machado foi detido quando cobria o protesto na Avenida Paulista. "Chegou um policial com cassetete e disse: 'Se você não sair vou te bater'. Eu mostrei meu crachá, mas ele disse que isso não significava nada para ele", contou o repórter. Em seguida, Machado e um fotógrafo do UOL, Leandro Morais, foram detidos e levados para o 78º DP (Jardins) num carro da PM.

O que mais aparece na imprensa durante o dia, em realidade, são as imagens de um policial que teria sido cercado por manifestantes e quase linchado. A *Folha* dá certo destaque ao ocorrido com matéria que segue acompanhada de imagem forte do policial com o rosto ensanguentado:

Sozinho, PM quase foi linchado durante protesto na região da Sé

Um policial militar com rosto banhado de sangue, cercado e agredido com socos, chutes e pedras por cerca de dez manifestantes. (...) A agressão que testemunhei por volta das 20h30 ocorreu ao lado do Tribunal de Justiça de São Paulo. Após se levantar, sangrando, o PM tirou a arma do coldre e a apontou para os manifestantes. Depois, para o alto. Tive certeza de que ele iria atirar. Mas o policial militar não disparou nenhum tiro.

Em seguida, o jornal repercute o fato com o governador em Paris:

Alckmin elogia atuação de PM agredido

O governador Geraldo Alckmin elogiou a atuação do PM Wanderlei Paulo Vignoli, ferido por manifestantes no protesto contra a tarifa. "Quero me solidarizar com o soldado, que foi covardemente agredido e se manteve firme e prudente frente ao absurdo que fizeram [...]. Poderia ter consequências mais graves."

Com forte apoio dos meios de comunicação e do governador, a polícia militar se manifesta em nota condenando os protestos:

A polícia militar atuou dentro dos preceitos constitucionais para garantir o direito de livre manifestação; contudo, é seu dever assegurar os direitos de toda a população, incluindo-se o direito de ir e vir. É totalmente descabida qualquer declaração de que a PM tenha agido com o intuito de insuflar a violência. Na democracia, não há espaço para baderna, para a destruição do patrimônio e para a violência. Em movimentos assim a polícia militar agirá sempre com o rigor da Lei e para preservar a segurança da população.

Mais tarde, pelo Twitter, o governador, de Paris, respalda outra vez o discurso da polícia:

@geraldoalckmin_: Estou acompanhando os acontecimentos em São Paulo. Não vamos deixar que se confunda baderna com direito à livre manifestação.

@geraldoalckmin_: Estranho um movimento que se diz a favor do transporte coletivo destruir ônibus e estação de metrô. Não é direito de expressão, é vandalismo.

@geraldoalckmin_: É dever da polícia preservar a integridade das pessoas, o direito de ir e vir, o patrimônio público, e agir quando há vandalismo e baderna.

@geraldoalckmin_: Se queremos viver em uma democracia, temos de respeitar o direito das pessoas.

Também de Paris, o prefeito se manifesta por meio de nota, repudiando a violência e invertendo sua estratégia. Ao invés de tentar se reunir informalmente com os manifestantes para discutir uma pauta técnica ampla e difusa, agora, com o MPL tendo protocolado uma solicitação formal de audiência, o prefeito diz que não vai se reunir com manifestantes que fazem uso da violência:

Depois de um certo momento, quando a manifestação começou a dispersar, alguns grupos muito minoritários, inconformados com o ambiente de liberdade, passaram a provocar e a depredar. Isso não é compatível com a vida democrática. Não é liberdade de expressão. Trata-se de outra coisa, trata-se de violência gratuita (...) Eu disse e repito que não vou dialogar em uma situação de violência. A prefeitura dialoga com todos os segmentos sociais. Mas a renúncia à violência é o pressuposto de diálogo.

Essa postura é reforçada pela vice-prefeita Nádia Campeão que, mais cedo, havia concedido entrevista ao *Bom Dia São Paulo* da TV Globo:

Acho que, depois dos acontecimentos nessas três manifestações, a vontade dos manifestantes não é dialogar. Os métodos utilizados afastam o diálogo, não aproximam. Não podemos aceitar que o objetivo seja criar transtorno. O diálogo nessas condições não é possível.

A situação jurídica dos 11 presos do dia anterior se agrava com a determinação de altas fianças (de até R$ 20 mil) para alguns e caracterização de crime inafiançável para os demais. O Movimento Passe Livre do Distrito Federal organiza a arrecadação de doações para o pagamento de fianças, por meio de um site de *crowdfunding*, e um coletivo de advogados é formado para dar apoio jurídico ao movimento.

À tarde, durante sessão no Senado federal, o senador por São Paulo Eduardo Suplicy (PT), faz pronunciamento lamentando a violência nos protestos e pedindo uma atuação não violenta, inspirada na luta de Martin Luther King:

Gandhi e Luther King defenderam maior justiça na sociedade, mas sempre se caracterizaram pela não violência (...) Essa (por meio da violência) não é a maneira de se transformar o país. As lições de Mahatma Gandhi e Martin Luther King são as lições positivas para os grandes movimentos sociais que buscam justiça e liberdade.

Em aparte ao discurso de Suplicy, o também senador por São Paulo Aluizio Nunes (PSDB) faz dura crítica ao movimento:

(os integrantes do movimento) sonham com uma revolução que, felizmente, não ocorrerá no Brasil; têm devaneios totalitários e usam a violência como tática de luta (...) (São) baderneiros que se associaram para cometer crimes, vândalos que, a pretexto de defender tarifas módicas de transporte, saíram às ruas para depredar e arrebentar ônibus (...) Não querem a melhoria do transporte público, inclusive porque não o utilizam.

Na Câmara dos Vereadores de São Paulo, os discursos também condenam as manifestações e as depredações ocorridas da noite anterior. O vereador Andrea Matarazzo (PSDB) afirma:

O que estamos vendo aí é a baderna que estão fazendo. É gente que não tem nada a ver com defesa de passe livre, com defesa de transporte. Gente que está tumultuando a gestão do prefeito, que vou, nesse caso, defender. O senhor prefeito está cumprindo a obrigação de ter de repassar a inflação causada pelo governo federal às tarifas de ônibus. Esses a que nós assistimos aqui são delinquentes, são marginais, travestidos de manifestantes.

A ideia de que os protestos têm por objetivo apenas desestabilizar o governo é reiterada, tanto por vereadores da oposição quanto da base governista. Parece haver uma espécie de solidariedade entre os dois grandes partidos à frente das gestões municipal (PT) e estadual (PSDB), já que os protestos miram ambas as instâncias. O vereador Orlando Silva, do PCdoB, diz:

Na hora em que vemos uma atitude antidemocrática de quem se manifesta e, sobretudo, agredindo cidadãos, atacando o patrimônio da cidade de São Paulo, creio que esse momento merece uma repreensão, uma reflexão e mesmo uma crítica com relação à condução de alguns que não reivindicam e nem têm uma bandeira, menos ainda um propósito, mas pensam apenas em instabilizar a situação na cidade e mesmo, eventualmente, desgastar o governo do prefeito Fernando Haddad. (...) Afinal, alguns anarquistas, alguns inconsequentes, alguns aventureiros que buscam, para desgastar o governo, destruir o patrimônio público, esses merecem o rechaço desta casa, como merecem também o rechaço da opinião pública e do povo paulistano.

Ainda na condenação das manifestações, o vereador Arselino Tatto, do PT, busca deslegitimar a pauta da revogação do aumento da tarifa:

Penso, sim, que é possível se manifestar e se organizar e, para tanto, com todo o nosso apoio, mas jamais vamos defender que pessoas se utilizem de manifestações relativas à tarifa de ônibus para fazer quebra-quebra como aconteceu na tarde e noite de ontem e na madrugada de hoje.

Isso não vamos admitir. E motivos sérios não existem, uma vez que a tarifa de ônibus foi aumentada abaixo da inflação, sendo que não era reajustada há mais de dois anos.

A justificativa para o aumento da tarifa é apresentada, ainda, pelo presidente da Câmara José Américo, do PT, que busca esclarecer os vínculos do partido com o Passe Livre e as diferenças do apoio conferido em 2011 para a oposição ao movimento em 2013:

> (...) antes quero fazer um pequeno depoimento, uma retificação sobre o Movimento Passe Livre em 2011. Houve algumas diferenças que é importante marcar. Em primeiro lugar, não houve nenhum atentado ao patrimônio público nem privado em 2011; houve simplesmente o movimento, que inclusive tomou o cuidado de negociar com as autoridades a não ocupação total das pistas. Foi um movimento organizado, com o qual alguns concordaram e outros, não, mas que tinha legitimidade. (...) Outra diferença: o governo, na época, não aceitou negociar com os manifestantes. Eu fui falar com o Malufinho, estive com ele, mas sua senhoria não aceitou negociar. O governo Kassab não aceitou. Desta vez, o governo Haddad aceitou e, curiosamente, os manifestantes não aceitaram conversar com o governo. Terceira diferença: o reajuste da tarifa. Desta vez, o aumento correspondeu à metade da inflação. Daquela vez, foi ao dobro. (...) Desta vez, acho que o movimento Passe Livre, que é legítimo, perdeu o controle e, na verdade, virou outra coisa e não mais um movimento reivindicatório.

Diante do amplo ataque aos manifestantes, feito tanto por partidos da situação quanto da oposição, alguns vereadores, por um motivo ou por outro mais simpáticos às manifestações, propõem uma distinção entre os manifestantes pacíficos e os baderneiros. O vereador Alfredinho, do PT, tenta fazer a separação e, assim, explicar a participação da Juventude do seu partido:

Quero dizer que a Juventude do PT participa do movimento em defesa do Passe Livre, participou de manifestações em 2011, participou ontem, mas em nenhum momento com baderna. Aqueles que estavam lá fazendo baderna – que é uma mistura de baderneiro com marginal – nós repudiamos. São vândalos, porque não podem quebrar o patrimônio público e incendiar ônibus que pertencem ao patrimônio privado. Isso nós condenamos. (...) Desse movimento (Passe Livre), participam meninos sérios, meninos que têm um ideal e, legitimamente, manifestam-se em âmbito nacional pelo passe livre, meninos que participam e não são baderneiros. É por isso que temos de separar, senão cometeremos injustiça e passaremos a imagem de que todos que estão ali na luta pelo passe livre, que é um movimento nacional, são baderneiros, o que não é verdade.

No mesmo sentido, Toninho Vespoli, do PSOL – além de sugerir a realização de uma audiência pública para discutir os custos e planilha do sistema de transportes – diz ser equivocado considerar os agentes das depredações representantes do movimento como um todo:

Não podemos incriminar todos os que estavam lá por causa de meia dúzia. Quero fazer uma reflexão com os nobres colegas. Recentemente, o senador Demóstenes foi cassado por corrupção. Se há num parlamento dois, três, cinco ou dez pessoas de má índole que fazem algo errado, então todo o parlamento é desconsiderado por conta de algumas pessoas? Não podemos incriminar todo o movimento por conta de algumas pessoas.

De qualquer modo, prevalece certo consenso em torno do caos e da violência atribuídos ao protesto do dia anterior. No tratamento das manifestações como atos violentos e radicais, o destaque é conferido, mais uma vez, ao policial militar ferido em frente ao Tribunal de Justiça. Na condenação desse e de outros atos de violência, é feita a defesa de uma atuação mais vigorosa por parte da polícia. O vereador Conte Lopes, do PTB, questiona:

O que me causa espanto é a falta de profissionalismo. Onde estava a tropa de choque ontem em São Paulo? Não tinha? Precisa fazer um discurso dizendo que não se usa a tropa de choque? Que se aceita fazerem tudo, mas que a tropa de choque não é usada? A tropa de choque é a tropa especializada para ação de massa. (...) Todo mundo xinga, dizendo que jogaram bombas, balas de borracha. É lógico, pois é isso que se usa para enfrentar realmente a massa, ou então não se enfrenta e se deixa fazer o que quiser.

Reiterando o pedido do colega, o vereador coronel Telhada, também integrante da "bancada da bala" (parlamentares que representam os interesses da polícia):

Os jornais, equivocadamente, têm veiculado que a tropa de choque agiu nessa ação. Isso não é verdade. Na realidade, os policiais da força tática, dos batalhões da área centro, é que agiram. Em verdade, a tropa de choque não foi empregada nessa ação e isso me causa muito estranheza. Fico muito à vontade para falar aos senhores, porque sou do PSDB, e me estranha a política de, de repente, não se colocar o policiamento adequado ao combate à criminalidade. (...) Aproveito este momento para pedir ao senhor secretário de Segurança Pública que tome uma atitude, porque isso é crime, é ilegal e não vejo o porquê de a polícia não estar agindo. Simplesmente cumpra-se a lei.

Ainda à tarde, o movimento participa, com representantes do PSOL e do sindicato dos metroviários, de uma reunião convocada pela promotoria pública e representantes dos governos estadual e municipal, com o objetivo de estabelecer uma mediação entre o MPL e o poder público. Os governos entendem que uma mediação da justiça poderia levar a uma situação perigosa, como a de Goiânia ou a de Porto Alegre, nas quais decisões judiciais forçaram as prefeituras a reverter o aumento das passagens. Por esse motivo, tentam esvaziar o espaço de negociação enviando não gestores, mas técnicos das pastas de transporte como seus representantes. A proposta inicial da promotoria é a de que o MPL suspenda as manifestações, proposta que é recusada pelo movimento por não haver contrapartida do poder público. O movimento exige a criação de um espaço formal de negociação da revogação do aumento, ao mesmo tempo que se compromete a suspender os protestos caso haja revogação temporária. A promotoria propõe como solução ao conflito que prefeitura e governo revoguem por 45 dias o aumento das passagens para que se façam negociações e estudos técnicos enquanto o movimento suspende as manifestações. O movimento aceita de imediato a proposta, mas os técnicos do governo não têm autonomia política para fechar a negociação. De início, a imprensa eletrônica dá grande destaque à medida, apontada como uma saída razoável e imediata para lidar com o impasse. Em seguida, apura que nem governo do Estado nem prefeitura estão dispostos a aceitar a revogação temporária do aumento.

À noite, os telejornais seguem o mesmo clima geral de condenar a violência dos protestos e deslegitimar o movimento. O apresentador do *Jornal da Band* e ex-integrante do Comando de Caça aos Comunistas, Boris Casoy, comenta assim as manifestações:

Mais uma vez, a violência e o vandalismo caracterizaram as manifestações, lideradas por partidos radicais da extrema esquerda. Na verdade, essa gente usa o aumento das tarifas como pretexto para um tipo de movimento antidemocrático que não respeita nem o patrimônio público nem as pessoas e muito menos o direito de ir e vir da

população, impedida por uma minoria de trabalhar ou ir para casa. É a violência pela violência. Isso é uma vergonha!

Alguns minutos depois, num tom não muito diferente, o *Jornal Nacional* apresenta os protestos do dia anterior:

Segundo a PM, oito policiais ficaram feridos. [Imagem mostra policiais feridos] Este levou uma pedrada, este outro foi derrubado da moto. E nem os ônibus escaparam de um protesto que era pelo transporte público. (...) 85 ônibus, segundo a prefeitura, foram depredados ou pichados. Agências bancárias e esta estação do metrô também foram alvos do vandalismo. (...) Em menos de uma semana, foi o terceiro e mais violento protesto do Movimento Passe Livre.

Já no *Jornal da Globo*, o comentarista ultraconservador Arnaldo Jabor faz longo comentário que prepara a recepção dos protestos do dia seguinte:

Mas afinal, o que provoca um ódio tão violento contra a cidade? Só vimos isso quando a organização criminosa de São Paulo queimou dezenas de ônibus! Não pode ser por causa de 20 centavos. A grande maioria dos manifestantes são filhos de classe média, isso é visível: ali não havia pobres que precisassem daqueles vinténs não. Os mais pobres ali eram os policiais apedrejados, ameaçados com coquetéis-molotvs, que ganham muito mal. No fundo, tudo é uma imensa ignorância política. É burrice,

misturada a um rancor sem rumo. Há, talvez, a influência da luta na Turquia, justa e importante, contra o islamismo fanático, mas aqui se vingam de quem? Justamente, a causa deve ser a ausência de causas. Isso ninguém sabe, mas por que lutar? Em um país paralisado por uma disputa eleitoral para daqui um ano e meio. O governo diz que tá tudo bem, apesar dos graves perigos do horizonte, como inflação, fuga de capitais, juros e dólar em alta. Por que não lutam contra o projeto de emenda constitucional 37, a PEC 37, por exemplo, que será votada no dia 26 no Congresso para impedir o Ministério Público de investigar? Talvez nem saibam o que é a PEC 37, a lei da impunidade eterna. Esses caras vivem no passado de uma ilusão, eles são a caricatura violenta da caricatura de um socialismo dos anos 50 que a velha esquerda ainda defende aqui. Realmente, esses revoltosos de classe média não valem nem 20 centavos!

No final da noite, o site da Secretaria Municipal de Educação é hackeado pelo grupo Anonymous, que deixa na página a seguinte mensagem:

Exigimos a redução da tarifa! Os supostos representantes devem ouvir a vontade do povo! Basta de políticos inócuos! Estamos acordados! Seus dias de fartura estão contados! ;) [Foto com a faixa: "Se a tarifa não baixar, a cidade vai parar!"] Dia 13 de Junho, 17 horas, no Teatro Municipal de São Paulo! Todos às ruas!

13 de junho, quinta-feira

JORNAIS IMPRESSOS PEDEM REPRESSÃO DURA
ORGANIZAÇÕES DE DIREITOS CIVIS CONDENAM ABUSO E PRISÃO DE JORNALISTA
MPL PUBLICA ARTIGO NA FOLHA
SUPLICY PEDE INTERMEDIAÇÃO
QUARTO GRANDE ATO MOBILIZA DEZENAS DE MILHARES
POLÍCIA MONTA ESTRATÉGIA DE GUERRA
JORNAIS TELEVISIVOS MUDAM ABORDAGEM; DATENA APOIA PROTESTO
DENÚNCIAS DE ABUSO NAS REDES SOCIAIS
NABIL BONDUKI OFERECE ASSISTÊNCIA JURÍDICA
MINISTRO DA JUSTIÇA OFERECE APOIO FEDERAL À REPRESSÃO

No início da quinta-feira, na expectativa do quarto grande ato contra o aumento da tarifa, os grandes jornais do país pedem uma atuação mais incisiva da polícia. No *Estado de S.Paulo*, o editorial pede maior rigor da ação policial e enaltece o endurecimento por parte das autoridades:

Chegou a hora do basta

No terceiro dia de protesto contra o aumento da tarifa dos transportes coletivos, os baderneiros que o promovem ultrapassaram, ontem, todos os limites e, daqui para a frente, ou as autoridades determinam que a polícia aja

com mais rigor do que vem fazendo ou a capital paulista ficará entregue à desordem (...) O vandalismo, que tem sido a marca do protesto organizado pelo Movimento Passe Livre (MPL), uma mistura de grupos radicais os mais diversos, só tem feito aumentar. (...) Atacada com paus e pedras sempre que tentava conter a fúria dos baderneiros, a PM reagiu com gás lacrimogêneo e balas de borracha. O saldo foi de 20 pessoas detidas e de dezenas com ferimentos leves, entre elas policiais. A PM agiu com moderação, ao contrário do que disseram os manifestantes, que a acusaram de truculência para justificar os seus atos de vandalismo. Num episódio em que isso ficou bem claro, um PM que se afastou dos companheiros, nas proximidades da Praça da Sé, quase foi linchado por manifestantes que tentava conter. Chegou a sacar a arma para se defender, mas felizmente não atirou. Em suma, foi mais um dia de cão, pior do que os outros, no qual a violência dos manifestantes assustou e prejudicou diretamente centenas de milhares de paulistanos que trabalham na Paulista e no centro e deixou apreensivos milhões de outros que assistiram pela televisão às cenas de depredação. (...) A reação do governador Geraldo Alckmin e do prefeito Fernando Haddad – este apesar de algumas reticências – à fúria e ao comportamento irresponsável dos manifestantes indica que, finalmente, eles se dispõem a endurecer o jogo. A atitude excessivamente moderada do governador já cansava a população. Não importa se ele estava convencido de que a moderação era a atitude mais adequada, ou se, por cálculo político, evitou parecer truculento. O fato é que a

população quer o fim da baderna – e isso depende do rigor das autoridades.

A representação dos protestos como atos de violência, fúria e descontrole é veiculada para reivindicar mais repressão. O restante da cobertura do jornal reforça a mensagem em destaque no editorial, dando ênfase às "marcas do vandalismo" do protesto anterior, à responsabilização criminal dos envolvidos e às detenções realizadas, além de dar grande destaque aos policiais feridos na última manifestação. Por fim, apresenta o protesto previsto para esse mesmo dia em tom amedrontador, a partir das falas de comerciantes da região central.

Um militante do Movimento Passe Livre, em entrevista ao jornal, afirma que os atos se tornaram uma revolta popular e que a violência do último protesto teve início com a repressão policial. Fazendo um uso negativo da declaração do militante, a cobertura crítica do jornal reaparece na manchete:

Movimento diz não ter controle sobre a massa, mas confirma protesto para hoje

A *Folha de S.Paulo*, na mesma direção, pede em seu editorial a retomada da Paulista, tratando os manifestantes de forma depreciativa, deslegitimando suas reivindicações e indicando a necessidade de uma atuação severa da polícia militar para colocar um ponto final nas manifestações:

Retomar a Paulista

Oito policiais militares e um número desconhecido de manifestantes feridos, 87 ônibus danificados, R$ 100 mil de prejuízos em estações de metrô e milhões de paulistanos reféns do trânsito. Eis o saldo do terceiro protesto do Movimento Passe Livre (MPL), que se vangloria de parar São Paulo – e chega perto demais de consegui-lo. Sua reivindicação de reverter o aumento da tarifa de ônibus e metrô de R$ 3 para R$ 3,20 – abaixo da inflação, é útil assinalar – não passa de pretexto, e dos mais vis. São jovens predispostos à violência por uma ideologia pseudorrevolucionária, que buscam tirar proveito da compreensível irritação geral com o preço pago para viajar em ônibus e trens superlotados. Pior que isso, só o declarado objetivo central do grupelho: transporte público de graça. O irrealismo da bandeira já trai a intenção oculta de vandalizar equipamentos públicos e o que se toma por símbolos do poder capitalista. O que vidraças de agências bancárias têm a ver com ônibus? Os poucos manifestantes que parecem ter algo na cabeça além de capuzes justificam a violência como reação à suposta brutalidade da polícia, que acusam de reprimir o direito constitucional de manifestação. Demonstram, com isso, a ignorância de um preceito básico do convívio democrático: cabe ao poder público impor regras e limites ao exercício de direitos por grupos e pessoas quando há conflito entre prerrogativas. O direito de manifestação é sagrado, mas não está acima da liberdade de ir e vir - menos ainda quando o primeiro

é reclamado por poucos milhares de manifestantes e a segunda é negada a milhões. Cientes de sua condição marginal e sectária, os militantes lançam mão de expediente consagrado pelo oportunismo corporativista: marcar protestos em horário de pico de trânsito na Avenida Paulista, artéria vital da cidade. Sua estratégia para atrair a atenção pública é prejudicar o número máximo de pessoas. É hora de pôr um ponto final nisso.

Contribuindo com esse discurso, novamente dá destaque ao caso do policial agredido durante a manifestação anterior. A imagem da capa apresenta o policial ensanguentado, apontando a arma "para evitar que fosse linchado" (segundo a legenda). Entrevistado, ele afirma que teve medo de morrer e dá o seu depoimento:

Quando tentava impedir que uma pessoa pichasse o muro do TJ, 20 ou 30 pessoas começaram a jogar pedras e objetos em mim. (...) Quando levei a pancada, fiquei meio atordoado, sem saber o que estava acontecendo. Logo eu escutei: "Lincha, lincha, toma a arma dele. Mata."

Uma exceção ao tom predominante na cobertura do jornal é o artigo publicado pelo Movimento Passe Livre na seção *Tendências e Debates* (com artigos de opinião). Em defesa das manifestações e buscando legitimar a pauta dos protestos, o MPL chama atenção para o forte impacto do aumento da tarifa:

Por que estamos nas ruas

Calcula-se que são 37 milhões de brasileiros excluídos do sistema de transporte por não ter como pagar. Esse número, já defasado, não surgiu do nada: de 20 em 20 centavos, o transporte se tornou, de acordo com o IBGE, o terceiro maior gasto da família brasileira, retirando da população o direito de se locomover. (...) O impacto violento do aumento no bolso da população faz as manifestações extrapolarem os limites do próprio movimento. E as ações violentas da polícia militar, acirrando os ânimos e provocando os manifestantes, levaram os protestos a se transformar em uma revolta popular. O prefeito Fernando Haddad, direto de Paris, ao lado do governador Geraldo Alckmin, exige que o movimento assuma uma responsabilidade que não nos cabe. Não somos nós os que assinam os contratos e determinamos os custos do transporte repassados aos mais pobres. Não somos nós que afirmamos que o aumento está abaixo da inflação sem considerar que, de 1994 para cá, com uma inflação acumulada em 332%, a tarifa deveria custar R$ 2,16 e o metrô, R$ 2,59. Além disso, perguntamos: e os salários da maior parte da população, acompanharam a inflação? A discrepância entre o custo do sistema e o quanto, como e quando se cobra por ele evidenciam que as decisões devem estar no campo político, não técnico. É uma questão de escolha: se nossa sociedade decidir que sim, o transporte é um direito e deve estar disponível a todos, sem distinção ou tarifa, então ela achará meios para tal. (...) A demanda popular imediata é

a revogação do aumento, e é nesses termos que qualquer diálogo deve ser estabelecido. A população já conquistou a revogação do aumento da tarifa em Natal, Porto Alegre e Goiânia. Falta São Paulo.

Na mesma edição, no entanto, o editor do caderno Cotidiano faz o contraponto, argumentando que a tarifa zero custaria R$ 6 bilhões por ano aos cofres públicos e é, portanto, inviável. Além disso, argumenta que a ampliação do subsídio para revogação do aumento corresponderia à diminuição de investimentos em outras áreas e poderia contribuir ainda para a superlotação dos ônibus e trens.

O restante das reportagens publicadas pela *Folha de S.Paulo* gira quase que inteiramente em torno da atuação da polícia militar, indicando a necessidade de uma ação mais efetiva e anunciando, desde já, o forte aparato mobilizado para conter a manifestação prevista para esse mesmo dia:

PM promete ser mais dura contra protestos

Hoje, às 17h, uma nova manifestação está marcada na região central e a polícia militar promete ser mais dura para reprimir vandalismos. A corporação afirma que, ao contrário do que diz ter feito nas últimas manifestações, não irá relevar nem atos isolados de depredação. (...) Anteontem, 400 policiais acompanharam os manifestantes. Para hoje o efetivo foi reforçado até com policiais da tropa de choque, para evitar que grupos se dispersem por muitas ruas do centro.

Sob a alegação de que *"na verdade os manifestantes querem implantar o caos e a desordem na cidade"* o comandante das operações policiais na região central, tenente-coronel Marcelo Pignatari, afirma que não haverá tolerância e dá a seguinte declaração ao jornal:

Não vamos deixá-los à vontade pela cidade e vamos agir para evitar qualquer tipo de ação que quebre a ordem, que rompa os limites legais. Vamos tentar evitar ao máximo chegar a esse ponto, mas tudo depende do comportamento dos manifestantes.

Na mesma tônica, a manchete da capa anuncia:

Governo de São Paulo diz que será mais duro contra o vandalismo

Esse posicionamento é confirmado pelo governador Geraldo Alckmin, no Twitter:

@geraldoalckmin_: Depredação, violência e obstrução de vias públicas não são aceitáveis. O Governo de São Paulo não vai tolerar vandalismo.

Embora a imprensa televisiva e escrita exigisse repressão mais rigorosa, os impactos da excessiva violência policial do dia 11 já se faziam sentir e organizações de direitos humanos pediam respeito ao direito de manifestação. A Anistia Internacional publica nota nesse sentido:

A Anistia Internacional vê com preocupação o aumento da violência na repressão aos protestos contra o aumento das passagens de ônibus no Rio de Janeiro e em São Paulo. Também é preocupante o discurso das autoridades sinalizando uma radicalização da repressão e a prisão de jornalistas e manifestantes, em alguns casos enquadrados no crime de formação de quadrilha. O transporte público acessível é de fundamental importância para que a população possa exercer seu direito de ir e vir, tão importante quanto os demais direitos como educação, saúde, moradia, expressão, entre outros. É fundamental que o direito à manifestação e a realização de protestos pacíficos seja assegurado. A Anistia Internacional é contra a depredação do patrimônio púbico e atos violentos de ambos os lados e considera urgente o estabelecimento de um canal de diálogo entre governo e manifestantes para que se encontre uma solução pacífica para o impasse.

A organização Repórteres Sem Fronteiras também publica uma nota à imprensa condenando a agressão e a prisão de jornalistas na manifestação do dia 11:

(Repórteres Sem Fronteiras) também condenam a maneira com que a polícia militar tratou os jornalistas que cobriam um protesto, no mesmo dia, contra o aumento na passagem de ônibus, na cidade de São Paulo. Três jornalistas foram presos durante o confronto entre polícia e manifestantes na Avenida Paulista. Dois deles – Leandro Machado, do jornal *Folha de S.Paulo*, e Leandro Morais, do portal Universo Online – foram acusados de obstruir o trabalho policial e liberados após uma hora. O terceiro, Pedro Ribeiro Nogueira, do Portal Aprendiz, foi absurdamente acusado de "formação de quadrilha" e "danos ao patrimônio" e ainda está sob custódia. Um quarto jornalista, Fernando Mellis, do portal de notícias R7, foi atacado por policiais militares após testemunhar um manifestante sendo golpeado pela polícia. Mesmo após Fernando mostrar seu crachá de imprensa, um dos policiais usou seu cassetete para atingir o jornalista na costela. "Nós pedimos a liberação de Ribeiro Nogueira e ele está sob custódia por razões absurdas", diz a Repórteres Sem Fronteiras. "Esses abusos policiais constituem uma séria violação à liberdade de informação. A mídia tem um papel fundamental durante protestos, veiculando as demandas dos manifestantes, cobrindo a reação das autoridades e permitindo que um debate sobre as demandas surja". E acrescenta: "Jornalistas não devem ser tratados como se eles fossem manifestantes. A polícia precisa encarregar-se de respeitar sua neutralidade e sua integridade física".

Ainda no que tange aos direitos humanos, o promotor de Justiça Rogério Zagallo, que havia pedido a morte dos manifestantes, é demitido da Universidade Mackenzie. A direção da universidade alega que a demissão já estava prevista anteriormente e não se relacionava com o pronunciamento do promotor no Facebook ou com a carta dos estudantes pedindo providências da direção.

À tarde, durante reunião plenária no Senado federal, Eduardo Suplicy informa que enviou ofício ao prefeito da capital, Fernando Haddad, ao governador de São Paulo, Geraldo Alckmin, e ao secretário de Segurança do Estado, Fernando Grella Vieira, pedindo "diálogo e respeito" e uma solução negociada com os manifestantes.

Um pouco antes da manifestação, o prefeito Fernando Haddad dá uma coletiva de imprensa, na sede da prefeitura, dizendo que o fechamento dos canais de diálogo se deve à violência dos manifestantes:

Considero legítima toda e qualquer forma de manifestação e expressão. O que a cidade repudia é a violência. São Paulo está acostumada às manifestações. O que a cidade não aceita é a forma violenta de se manifestar e se expressar. Com isso não compactuamos. A renúncia à violência é o pressuposto de diálogo. (...) Vou repetir para deixar bastante claro. Não pretendo (revogar o aumento), porque o esforço que foi feito ao longo do ano para que o reajuste da tarifa fosse muito abaixo da inflação foi enorme. E ele (aumento) vai significar investir mais de R$ 600 milhões em subsídios.

Diante da postura reiterada do prefeito e ainda antes do protesto, o jornalista Paulo Nogueira, do blog Diário do Centro do Mundo, publica reflexão intitulada "O que o MPL está dizendo ao PT":

O PT se acostumou à vida mansa proporcionada por sindicatos e associações estudantis domesticadas. A folga

acabou. Se não é bom para o PT, para o Brasil é. (...) Se o PT não quer se tornar amanhã o que o PSDB é hoje, um partido desconectado do que acontece na sociedade, tem que se mexer. Tem que acelerar, e muito, o pedal das reformas.

É em meio a esse contexto que, por volta das 17 horas, manifestantes começam a se reunir para o quarto grande ato contra o aumento da tarifa, em frente ao Teatro Municipal. Desde a concentração, o clima predominante é de grande tensão. Lojas do centro fecham as portas às pressas e trabalhadores de empresas da região são dispensados mais cedo. Na Praça do Patriarca, que fica próxima ao local da concentração, é montada uma verdadeira operação militar: manifestantes que passam por lá são revistados e cerca de 40 deles detidos, antes mesmo do início do protesto. Entre os motivos das detenções está o porte de vinagre que manifestantes carregam para aliviar os efeitos do gás lacrimogêneo.

Apesar da tensão inicial, o ato se inicia sem grandes enfrentamentos e segue pacificamente pelas ruas do centro de São Paulo, em meio às palavras de ordem contra o aumento da tarifa. Moradores e frequentadores da região demonstram apoio e, em alguns casos, diante da convocação "vem pra rua, vem, contra o aumento!", juntam-se à manifestação.

Com mais de 20 mil pessoas, a manifestação segue pela Avenida Ipiranga em direção à Rua da Consolação, importante via que liga o centro velho da cidade à Avenida Paulista. Diante de uma barreira da polícia militar no local, a manifestação para, aguardando autorização do comando da tropa para a continuidade do trajeto. O MPL tenta ligar para o comandante da operação, como haviam combinado anteriormente, e não consegue. No meio do impasse, sem qualquer motivo aparente, a tropa de choque surge na altura da Rua Maria Antônia, palco de confrontos durante o período militar. Aos gritos de "Sem violência!", os manifestantes rogam a não intervenção do Choque, ao que são respondidos com bombas de concussão, gás lacrimogêneo e tiros de bala de borracha. O quarto grande ato contra o aumento da tarifa é marcado, a partir de então, por uma violência policial sem precedentes no período democrático.

Com ataques desmedidos e uso arbitrário da força policial, a PM parece cumprir a prescrição dos jornais no início da manhã, buscando evitar a qualquer preço a chegada da manifestação à Avenida Paulista. Paradoxalmente, acaba por bloquear a avenida, impedindo o fluxo de trânsito. Na tentativa de dispersar o protesto, a região torna-se praça de guerra: manifestantes são perseguidos e alvejados com balas de borracha e bombas de concussão, as quais atingem também transeuntes e jornalistas que cobriam os protestos.

Em meio à forte repressão em curso, programas televisivos transmitem suas visões dos acontecimentos. No discurso do *Jornal Nacional* prevalecem a depredação e o vandalismo, ainda que se apresente a fala de uma integrante do MPL:

Uma das ativistas do movimento (...) criticou a ação da polícia no caso da prisão de Pedro [jornalista preso no dia 11]. Ela disse ainda que a depredação só começou depois que policiais agiram de forma agressiva. A ativista também

diz que o movimento não apoia a violência praticada por alguns manifestantes: "A orientação do movimento é de ser sempre um movimento pacífico. Nossa radicalidade é fechar ruas para pressionar o poder público ao diálogo; agora, não está no nosso script depredações ou ações do tipo". Mas elas aconteceram. Pelo menos 85 ônibus foram danificados, uma estação do metrô, prédios e agências bancárias foram depredados, e oito policiais foram agredidos.

O jornal apresenta declarações do prefeito Fernando Haddad e do governador Geraldo Alckmin sobre a violência dos manifestantes e a falta de bom senso em pedir a revogação do aumento abaixo da inflação:

Hoje, o governador Geraldo Alckmin e o prefeito Fernando Haddad falaram sobre os protestos: [ALCKMIN] **"O que a gente percebe é que é um movimento político, pequeno, mas muito violento".** [REPÓRTER] **"Não se cogita, então, a redução de tarifa?"** [ALCKMIN] **"Não, não".** [HADDAD] **"O valor será mantido, que ele está muito abaixo da inflação acumulada. Considero legítima toda e qualquer forma de manifestações, de pressão. O que a cidade repudia é a violência". Em Brasília, o ministro da Justiça José Eduardo Cardozo ofereceu ajuda federal.** [CARDOZO] **"Imaginar que as pessoas precisam ir para a violência para tentar atingir os seus objetivos, isso é inaceitável."**

Na cobertura dos acontecimentos da noite, o jornal dá destaque ao bloqueio de avenidas, ao agravamento do trânsito em decorrência do protesto e ao vandalismo praticado por manifestantes. Já ao final do programa, na cobertura ao vivo, o repórter César Galvão relata a truculência policial, acompanhado de imagens do episódio em que estudantes, sentados e pedindo paz, são alvejados com bombas da polícia. O discurso contrário às manifestações é abalado, assim, por cenas explícitas de abuso policial.

A grande surpresa da noite, porém, fica a cargo de José Luiz Datena, apresentador do *Brasil Urgente*, programa de jornalismo policial ultraconservador e sensacionalista da Rede Bandeirantes. Para abordar as manifestações a partir de uma suposta opinião pública, o apresentador realiza enquete com os espectadores acerca de seu apoio (ou não) aos protestos:

Baderna eu sou contra, velho. Baderna, me inclua fora dessa, me inclua fora dessa nesse negócio de baderna. Me inclua fora dessa. Eu acho que o protesto tem que ser pacífico, não pode ter depredação, não pode impedir via pública, e joga esses caras contra a população. Porque tem muita gente já revoltada contra essas pessoas que estão fazendo esse tipo de protesto violento. Então vou fazer uma pesquisa em cima disso aqui. Deixa eu ver a pergunta que fizeram aí: onde é que está a pesquisa? "Você é a favor desse tipo de protesto?", que inclui aí depredação pública, o pessoal andando nas vias públicas. Não estou perguntando sobre o aumento das passagens, que eu também sou contra, mas do tipo de protesto que tem acontecido aí com quebra-pau. [não: 895/ sim: 1020] Até agora, a maioria –

eu não sei se os caras entenderam bem, mas – acha que esses protestos de quebrar tudo e tal é legal. Quer dizer, a opinião do povo prevalece. Eu dou a minha opinião. Eu não sou a favor desse tipo de quebra-quebra, protesto, porque eu acho que é vandalismo. Acho que é vandalismo. Esse tipo de protesto com baderna eu sou contra. Eu votaria no "não". Eu votaria no "não". Porque eu não sou a favor desse tipo de protesto. Você é a favor desse tipo de protesto? Não: 1233 pessoas estão dizendo não. Mas quase, quase, 1700 pessoas que não aguentam mais tão dizendo sim. A voz do povo é a voz de Deus. Tá pau a pau, mas tem muito mais gente dizendo que sim do que não. Se bem que tá pareado.

Diante da surpresa frente aos resultados e da incapacidade de manipulá-los apesar das declarações explícitas contrárias a "esse tipo de protesto", o apresentador reformula a questão e refaz a pesquisa:

Será que nós formulamos mal a pergunta? Você é a favor de protesto com baderna? Eu acho que essa seria a pergunta. 2859 pessoas disseram que são a favor deste tipo de protesto. O cara que liga tá vendo ali tudo calmo, tudo tranquilo, pode até achar que a pergunta é essa. Faça a pergunta da forma que eu pedi para formular. Repito: sou a favor de manifestação pacífica, sou contra aumento de ingresso, a favor de melhoria no transporte coletivo, não teria aumentado a passagem de ônibus, metrô e trem, eu não teria aumento, não teria aumentado mesmo, mas faça a pergunta do jeito que eu pedi, por favor: Você é a favor de protesto com baderna? Porque aí fica claro, senão o cara não entende. (...) Cadê a outra pesquisa que eu pedi pra fazer aí, pra ver se as pessoas entenderam mesmo? [ele zera a pesquisa anterior e recomeça outra] Você é a favor de protesto com baderna? Está começando só a pesquisa. Pra ver se o povo não tinha entendido da outra vez ou se tinha.

Novamente os resultados surpreendem, e o apresentador é levado a mudar de opinião:

[não: 986/ sim: 2321] Mas o povo já deu pra sentir: o povo tá tão p... da vida com o aumento de passagem, não interessa se é de ônibus, trem ou metrô; o povo tá tão p... da vida que apoia qualquer tipo de protesto, pelo que eu vi. Fiz duas pesquisas, achei até que uma palavra poderia simplesmente não estar sendo bem entendida, a palavra protesto, poderia englobar um protesto com baderna ou sem baderna, mas as duas pesquisas deram praticamente a mesma proporção, o mesmo resultado, as pessoas tão apoiando o protesto porque não querem o aumento de passagem.

Datena, que havia criticado as depredações em programas anteriores, passou a dizer que a manifestação era pacífica e "um show de democracia":

Fazia muito tempo que não via uma manifestação democrática e pacífica assim. É o povo. (...) O povo está descontente. Eu falei que ninguém queria aumento.

E declara, ao final:

Entre bandido e polícia, prefiro a polícia. Entre povo e polícia, prefiro o povo.

No final da noite, o Jornal das 10 da *Globo News* parece sintetizar a tônica que predominará a partir desse momento. A editora política da emissora e comentarista do telejornal, Renata Lo Prete, fala da necessidade de se fazer a distinção entre manifestantes pacíficos e baderneiros. Além de chamar a atenção para os desafios de que estão diante Alckmin e Haddad e para o apoio anterior de petistas ao MPL (quando o PT era oposição), a comentarista anuncia a diversidade de motivações nos protestos. Temos um primeiro sinal da dispersão de pautas colocada em curso pela imprensa.

Paralelamente à cobertura televisiva, durante toda a noite as redes sociais repercutem os acontecimentos. Enquanto ocorre a repressão policial, as redes sociais são tomadas por relatos e comentários quase em tempo real sobre a brutalidade vista nas ruas. O deputado Jean Wyllys, do PSOL, porta-voz de minorias sociais e defensor dos direitos humanos no Congresso, comentava no Twitter uma declaração da polícia:

@jeanwyllys_real: Vão matar?! RT "@Estadao: PM: situação está saindo do controle: 'Não nos responsabilizamos mais pelo que acontecerá'"

Um vídeo publicado no Facebook por Marcel Barri mostra cenas de jovens reunidos na Praça do Ciclista (localizada no cruzamento da Avenida Paulista com a Consolação) gritando "Sem violência!", e sendo gratuitamente atacados pela tropa de choque. O vídeo ganha dezenas de milhares de compartilhamentos ainda na noite e madrugada do dia 13. Outro vídeo, postado pelo PSTU e com centenas de milhares de compartilhamentos, mostra a polícia agredindo covardemente um grupo de jornalistas. No Twitter, comentário publicado centenas de vezes também chama atenção para o alto número de profissionais de imprensa feridos:

@SilvanaBit: Seis repórteres de um único jornal feridos em manifestação contra a tarifa de ônibus. Nem entre correspondentes de guerra isso acontece.

Publicado anonimamente no Youtube, outro vídeo que ganha rápida difusão na internet mostra um policial quebrando o vidro da sua própria viatura, supostamente para incriminar os manifestantes. Mais tarde, a polícia soltaria uma nota dizendo que o policial apenas terminava de quebrar um vidro que já tinha sido quebrado. A explicação da polícia foi recebida com incredulidade pela mídia e com sarcasmo pelas redes sociais.

Diante dos inúmeros relatos e vídeos que evidenciam a forte repressão policial ocorrida nessa noite, as declarações feitas nas redes sociais começam a deslocar o eixo temático da manifestação da questão da tarifa para o direito de se manifestar. As publicações mais replicadas no Twitter voltam-se todas para essa mudança:

@LeoRossatto: A tarifa virou a menor das questões agora. Os próximos protestos precisam ser, antes de tudo, pela liberdade de protestar.

@choracuica: não é mais sobre a tarifa. Foda-se a tarifa. Isso ficou muito maior que a questão da tarifa.

@gaiapassarelli: há algo grande acontecendo e é menos sobre aumento de tarifa e mais sobre tomar posição. Todo mundo deveria prestar atenção.

@tavasconcellos: não é mais uma discussão sobre tarifa. Transporte. Baderna. Sobre nada disso. É sobre o direito de se manifestar por qualquer causa. [1]

Nabil Bonduki, vereador do PT, defende também o direito de manifestação e solicita à sua assessoria jurídica que preste assistência aos 232 detidos. Na madrugada, publica nota em seu site:

O direito à livre manifestação é um pressuposto da democracia e temos que defendê-lo! Precisamos construir uma cultura de paz, em que não se tolerem abusos de nenhuma das partes e nem depredação dos bens públicos. Por isso, neste momento, é importante encontrar um caminho para a mediação, com o objetivo de acabar com esse conflito e

---

1. A seleção de *tweets* mais difundidos vem do estudo de Malini, 2013.

abrir um diálogo com a sociedade sobre a questão. Em relação ao transporte público de qualidade a preço justo, considero a questão muito importante e relevante para se alcançar uma cidade melhor.

O prefeito Fernando Haddad, no final da noite, declara-se sobre a escalada da violência na cidade. Em apoio à investigação dos excessos cometidos pela força policial, ele finalmente faz uma avaliação crítica da atuação da PM, em nota publicada no site da prefeitura:

Na terça-feira a imagem que ficou foi a da violência dos manifestantes. Infelizmente, hoje não resta dúvida de que a imagem que ficou foi a de violência policial.

O governador Geraldo Alckmin, por sua vez, não se manifesta sobre a violência policial e finaliza o dia com a seguinte mensagem no Twitter:

@geraldoalckmin_: Parabéns a toda a população de Guaratinguetá pelos 383 anos da cidade. Boa noite a todos!

14 de junho, sexta-feira

DISCURSO CONTRA ABUSO POLICIAL TORNA-SE HEGEMÔNICO NA IMPRENSA E NAS REDES SOCIAIS

PESQUISA DATAFOLHA MOSTRA APOIO A PROTESTOS

ORGANIZAÇÕES DE DIREITOS HUMANOS CONDENAM ATUAÇÃO DA POLÍCIA

PT SE DIVIDE

PREFEITURA CONVOCA CONSELHO DA CIDADE PARA SE REUNIR COM MPL

ALCKMIN DEFENDE AÇÃO DA POLÍCIA

Relatos de violência se disseminam rapidamente por toda a amanhã nas redes sociais e, pela primeira vez, também na grande imprensa. Depois de terem participado ativamente da campanha por mais rigor na repressão aos manifestantes, os grandes veículos de comunicação são agora levados a reportar a escalada da violência policial da qual os protestos foram alvo. A capa do jornal *Folha de S.Paulo* o faz com a imagem em destaque de um casal sendo expulso de um bar em que estava na Avenida Paulista e sofrendo agressão arbitrária de policiais, além da fotografia da jornalista da *Folha* atingida por uma bala de borracha. A manchete principal da capa do jornal indica o protagonismo da polícia nas ações violentas:

Polícia reage com violência a protesto e SP vive noite de caos

Ao longo da cobertura do jornal, relatos sobre a repressão policial são reforçados pela narração de episódios de violência, cometida inclusive contra jornalistas:

O quarto dia de protestos contra a alta da tarifa de transporte em São Paulo foi marcado pela repressão violenta da polícia militar, que deixou feridos manifestantes, jornalistas – sete deles da *Folha* – e pessoas que não tinham qualquer relação com os atos. (...) Pessoas arrancadas de bares por policiais com cassetetes. Bombas de gás lançadas contra quem deixava o trabalho na av. Paulista e até dentro de um carro. Pedestres atingidos por balas de borracha. Cenas como essas foram vistas pela reportagem durante os confrontos.

Buscando explicar o impasse na negociação do trajeto com a polícia, no momento em que tem início a repressão policial, o jornal apresenta declaração de integrante do MPL:

"A ideia era ir para a Praça Roosevelt e a gente avaliaria com a polícia para onde seguiria. Mas eles desapareceram e a gente não conseguiu mais conversar com o comando, que se isolou."

Elio Gaspari, colunista da *Folha*, descreve a ação responsabilizando a polícia pelo início dos distúrbios:

Quem acompanhou a manifestação contra o aumento das tarifas de ônibus ao longo dos dois quilômetros que vão do Teatro Municipal à esquina da Rua da Consolação com a Maria Antônia pode assegurar: os distúrbios de ontem começaram às 19h10, pela ação da polícia, mais precisamente por um grupo de uns 20 homens da tropa de choque, com suas fardas cinzentas, que, a olho nu, chegaram com esse propósito. (...) Formaram um bloco no meio da pista. Ninguém parlamentou. Nenhum megafone mandando a passeata parar. Nenhuma advertência. (...) Em menos de um minuto esse núcleo começou a atirar rojões e bombas de gás lacrimogêneo.

O tenente-coronel Marcelo Pignatari, comandante da PM na região da Paulista, no entanto, insiste em afirmar:

(É) impossível que a PM tenha agido sem ter sido agredida ou presenciado crimes.

A cobertura do jornal, no entanto, já não era a mesma. Até mesmo o episódio do policial agredido na noite de terça-feira é resgatado: a conduta do policial, tida como exemplar nos dias anteriores, passa a ser questionada a partir do depoimento de um fotógrafo independente presente na cena:

Segundo ele (fotógrafo), o policial ferido de sua imagem não foi um herói. "O PM foi violento, foi para cima do garoto (da foto) e jogou ele no chão."

Embora sem destaque, a *Folha* publica matéria com os resultados de pesquisa realizada pelo Datafolha no dia anterior ao protesto. Segundo a pesquisa, a maioria dos paulistanos (55%) é favorável aos protestos, 67% consideram o reajuste da tarifa elevado e 40% já condenavam o comportamento da polícia mesmo antes das denúncias de violência.

Já o jornal *O Estado de S.Paulo* continua justificando a violência policial, sem abrir mão da postura conservadora que vinha adotando. Apesar disso, dá voz a críticas – inclusive de pais e mães de manifestantes detidos – sobre a desproporcionalidade do uso da força policial e relata as agressões sofridas pelos jornalistas. Na cobertura do jornal, a maior vítima das ações da polícia militar não foram os manifestantes, mas sim aqueles que em nada se relacionavam com os protestos. O *Estado* traz depoimentos de pedestres, motoristas e trabalhadores que, próximos à manifestação, sofreram as consequências da repressão policial:

De um lado, a tropa de choque jogava bombas e disparava balas de borracha. Do outro, manifestantes respondiam com pedras e fogos de artifício. No meio, pessoas que tentavam voltar para casa.

A matéria de capa do jornal, ainda que acompanhada de uma fotografia da tropa de choque em ação, não denuncia o abuso no uso de força policial, e distingue os manifestantes dos outros cidadãos:

Paulistano fica "refém" de bombas em novo confronto

Pessoas que voltavam para casa na hora do rush ficaram entre policiais e manifestantes no quarto dia de protesto

Na tentativa de justificar a inegável violência policial, o *Estado* atribui a responsabilidade da reação da polícia ao MPL:

Até então, o clima da marcha de quase 10 mil pessoas era pacífico, desde a saída do Teatro Municipal, por volta das 18h20. Os manifestantes gritavam cantos contra a violência. O combinado com a PM era ir até a Praça Roosevelt, aonde chegaram pouco depois das 19h. O MPL então tentou mudar o trajeto combinado (...). Manifestantes avançaram e cruzaram o bloqueio e a tropa de choque entrou em ação.

Enquanto isso, a imprensa internacional (*New York Times*, *BBC* e *Le Monde*, respectivamente) passa a cobrir com destaque os protestos no Brasil – em geral, pela primeira vez:

Bus-Fare Protests Hit Brazil's Two Biggest Cities
[Protestos contra as tarifas de ônibus atingem as duas maiores cidades do Brasil]

Brazil: Sao Paulo transport fare protest turns violent
[Brasil: protestos contra as tarifas de transporte em São Paulo tornam-se violentos]

Brésil: manifestations contre la hausse du prix des transports
[Brasil: manifestações contra a alta do preço dos transportes]

Enquanto a maioria desses veículos se concentra nos atos de vandalismo dos manifestantes, o *El País* denuncia a violência policial, em manchete lançada como *"La policia pierde el control en São Paulo"* (depois alterada para *"São Paulo vive una batalla campal entre policías y manifestantes"*). A matéria coloca em destaque os abusos policiais contra manifestantes pacíficos, pequenos grupos dispersos e jornalistas, além de chamar atenção para o número de feridos e detidos e defender as motivações do protesto. Em outra matéria, intitulada *"Brasil ya tiene sus indignados"*, aparece ainda a defesa do direito à manifestação, na crítica contra a atuação excessiva da polícia:

Davam, na verdade, a impressão de que haviam ocupado a cidade com toda a capacidade de suas forças, não para isolar os possíveis vândalos, mas para evitar a manifestação em si. Foi surpreendente também ver as forças policiais de São Paulo atuar contra um grupo de manifestantes que pediam transportes públicos melhores e mais baratos como se estivessem libertando uma favela violenta do Rio de Janeiro de traficantes de drogas.

O jornal espanhol vinha cobrindo as manifestações diariamente desde o dia 12 de junho, quando foi publicada a matéria *"Brasil se levanta en protesta contra el aumento de los precios del transporte"* que, ainda segundo o jornal, teve mais de 65.500 compartilhamentos no Facebook – superando o número de compartilhamentos de outras notícias de grande repercussão, como a morte de Hugo Chávez, com 39.600 compartilhamentos, a nomeação do Papa Francisco, com 11.000, e a reeleição de Barack Obama, com 7.900.

Enquanto os meios de comunicação do Brasil vão aos poucos revendo sua posição crítica aos protestos frente os cada vez mais numerosos relatos de abuso policial, nas redes sociais e nos blogs, predominam as denúncias de violência. No Facebook, o seguinte relato sobre uma ação da polícia num hospital recebe dezenas de milhares de compartilhamentos:

ACOMPANHAVA MINHA FILHA NA EMERGÊNCIA DO HOSPITAL SANTA CATARINA, na AV. PAULISTA, na noite do dia 11 de junho, às 22 horas, quando ouvi um grande estouro vindo da rua. Alguns segundos depois entram, no saguão da emergência, quatro estudantes DESESPERADOS. Dois rapazes acompanhavam uma colega que passava mal por causa do gás lacrimogêneo. Um quarto manifestante procurava socorro com a boca ensanguentada. Todos estudantes da USP. Mais alguns segundos e entraram correndo 4 ou 5 PMs atrás deles (pareciam uns armários). Mandaram que todos saíssem, como se fossem bandidos. Como eles se recusaram e tentaram explicar que queriam atendimento, os policiais começaram a bater e arrastá-los para fora do hospital. Neste momento, todos que acompanhavam seus

doentes gritamos com eles para não surrarem os meninos. Mas não teve jeito. Arrancaram os dois rapazes à força e ainda tentaram levar a menina, mas perceberam que não deixaríamos... O quarto manifestante (ensanguentado) a enfermeira não deixou que levassem, dizendo que ficaria para ser atendido. Algumas pessoas revoltadas filmaram a truculência. Gente! É a REPRESSÃO como na época da DITADURA!!! Horrível!!! E eu que pensava viver numa DEMOCRACIA... Uma senhorinha que esperava para ser atendida ENTROU EM CHOQUE e perguntava (tremendo): "O QUE VÃO FAZER COM ELES??? O QUE VÃO FAZER COM ELES???" Deve ter lembrado dos anos de repressão que viveu. Nós também ficamos nos perguntando... Os rapazes não estavam armados. A única coisa que traziam na mão (um deles) era um tamborzinho para fazer barulho. Seu casaco ficou no chão... Triste!!! Fico imaginando que devem ter QUEBRADO eles a caminho da delegacia, e lá devem ter sido presos como incendiários, etc., etc. A menina (nervosa) dizia para nós como tinham sido esses dias de protesto: "REPRESSÃO DA PM para acabar com o protesto pacífico, e por causa de tanta violência, o povo resolveu revidar". NÃO PODEMOS CAIR NO DISCURSO DA MÍDIA!!! Já escuto as pessoas repetindo como papagaio: "NÃO PODE QUEBRAR PATRIMÔNIO PÚBLICO". PERGUNTO: PODE QUEBRAR O CIDADÃO???

Outro relato narra como um grupo de amigos, já fora da manifestação, é gratuitamente atacado pela polícia:

Nesse momento, éramos apenas nove amigos. Resolvemos caminhar calmamente, não haveria motivo para sermos atacados. Não fazíamos nada de mais. Estávamos enganados. Uma viatura parou diante de nós. Policiais apontaram a arma e ordenaram: "Corram que vamos atirar". Corremos e eles cumpriram a promessa. Atingiram uma amiga. Nós nos desesperamos. As ruas estavam desertas, não havia onde entrar. Estávamos sozinhos. Humilhados e indignados pela arbitrariedade, pela violência, pela covardia, gritamos por socorro. Duas moças passavam de carro, se escandalizaram com a covardia que presenciaram. Pararam o carro e disseram para entrarmos. Nove pessoas num Palio. A solidariedade e o senso de justiça nos salvaram. Elas moravam por ali e nos levaram para o apartamento, para ficarmos em segurança até que pudéssemos sair. Mais amizade, mais solidariedade. Fizemos um pedido de ajuda pelas redes sociais. Precisávamos de dois carros para nos tirar dali em segurança. Poucos minutos e dezenas de ajuda foram oferecidas. Fizemos e recebemos diversos telefonemas para saber dos outros amigos/as espalhados/as, feridos/as, presos/as. Havia uma rede de pessoas trocando informação, solidariedade, força. Fomos acolhidos num local seguro, onde passaremos a noite. Como nos sentimos agora? Humilhados e indignados, sim. Mas não derrotados. O que vimos hoje nos fez ver o tamanho do desafio que temos para consolidar a democracia e também nos fez sentir que somos fortes, somos muitos e somos bons. Partilhamos de momentos emocionantes de luta, coragem, lucidez. Fomos acolhidos e recebemos imensa solidariedade, que alimentou ainda mais o nosso sentimento de força. Essa rede pode crescer, temos certeza. Não vamos recuar. Enquanto a passagem não baixar, São Paulo vai parar.

Outro relato muito compartilhado denuncia a agressão sexual de um policial a uma manifestante:

(...) A repressão tomou forma e corpo de homem, de farda, sem identificação, aquela que tem forma mas não tem rosto, ainda que eu saiba que é um rosto do qual eu não vou me esquecer. No desespero e ineficiência da corrida, fui pega pela gola da camiseta do MPL que ganhei de presente de uma amiga militante – e que tive orgulho de usar. Não me lembro se houve abuso na revista. Mas nada foi encontrado, então a frase que ouvi foi:"Tira a blusa, vagabunda". Eu teria começado a chorar de pânico ali, se o recurso não estivesse sendo gasto pela resposta fisiológica ao gás lacrimogêneo. Disse que não. Tomei um tapa na cara que me fez engasgar no soluço do choro que não saía. Fui segurada pelo rabo de cavalo e bem perto do meu ouvido ainda quente da agressão, ouvi: "Tira a blusa que vou levar de suvenir". Disse que não mais uma vez, dessa vez pedindo por favor, e a resposta foi um puxão pela gola da camiseta até rasgá-la, e eu fiquei lá, de sutiã, diante de três (ou eram mais?) policiais, que passaram minha blusa de mão em mão dizendo procurar cheiro de vinagre, mas "que delícia esse perfume, hein, vadia"? A impressão que tive era que o mundo inteiro não existia mais, nem o mundo, nem a causa, nem eu mesma, nem eles, só o medo e o vazio e o barulho de todo um universo que parecia se afastar; e fiquei em silêncio. O silêncio foi interrompido pelo zunido dentro da minha cabeça quando o policial que acabara de jogar minha camiseta no chão passou o cassetete pelo meu sutiã, sorriu e disse que estava na dúvida se ia "querer só a camiseta de lembrança do nosso encontro". Já ouvi dizer que nosso inconsciente não sabe processar a negativa, mas tudo que pude repetir, baixo e alto, foi "por favor, não". Nessa hora, do vazio ao redor, uma pedra atingiu o ombro daquele homem, e os três correram para conter o vandalismo contra o tal aparelho do Estado. Peguei minha camiseta e corri, nem sei pra onde, nem sei como, nem sei com quem – eu acho que naquela hora eu nem sabia quem estava correndo, e nem do quê.

A jornalista da *Folha de S.Paulo* agredida com uma bala de borracha no olho publica na manhã da sexta-feira um relato pessoal compartilhado quase dez mil vezes:

Sobre o aconteceu: já tinha saído da zona de conflito principal – na Consolação, em que já havia sido ameaçada por um policial por estar filmando a violência – quando fui atingida. Estava na Augusta com pouquíssimos manifestantes na rua. Tentei ajudar uma mulher perdida no meio do caos e coloquei ela dentro de um estacionamento. O Choque havia voltado ao caminhão que os transportava. Fui checar se tinham ido embora quando eles desceram de novo. Não vi nenhuma manifestação

violenta ao meu redor, não me manifestei de nenhuma forma contra os policiais, estava usando a identificação da Folha e nem sequer estava gravando a cena. Vi o policial mirar em mim e no querido colega Leandro Machado e atirar. Tomei um tiro na cara. O médico disse que os meus óculos possivelmente salvaram meu olho. Cobri os dois protestos nesta semana. Não me arrependo nem um pouco de participar desta cobertura (embora minha família vá pirar com essa afirmação). Acho que o que aconteceu comigo, outros jornalistas e manifestantes, mostra que existem, sim, um lado certo e um errado nessa história. De que lado você samba?

Ainda pela manhã, o fotógrafo da agência Futura Press atingido por uma bala de borracha durante a cobertura do protesto no dia anterior passa por uma cirurgia de reparação do globo ocular e tem poucas chances de recuperação da visão.

Nesse mesmo período, quatro dos mais de 200 detidos nas manifestações do dia 13 são enviados para o presídio de Tremembé e acusados de formação de quadrilha, incitação ao crime e dano qualificado. Algumas horas depois, contudo, são liberados juntamente com os presos do dia 11. O Movimento Passe Livre celebra em nota:

Nesse momento, não temos nenhuma pessoa presa pela repressão às mobilizações contra o aumento da tarifa de São Paulo. Nenhum a menos!

Sociedade civil e organizações de direitos humanos reagem às denúncias que se avolumam. Estudantes de direito e advogados se reúnem numa rede chamada "Habeas Corpus - Movimento Passe Livre" para dar apoio jurídico aos manifestantes nos próximos protestos.

O diretor da Anistia Internacional, Átila Roque, em entrevista ao UOL, critica a violência policial, classificando-a como "chocante":

Ficou claro o despreparo do Estado – e não falo só São Paulo, falo de país – para lidar com protestos populares, para lidar com o legítimo direito do cidadão de se indignar contra aquilo que parece ser uma injustiça. Falo isso sem entrar no mérito das questões. Nessas horas, as instituições são colocadas em xeque, mas falham e se mostram incapazes e despreparadas.

O Instituto Sou da Paz, organização da sociedade civil que tem como objetivo combater a violência, também publica nota condenando a ação policial:

O Instituto Sou da Paz, que trabalha há 15 anos com segurança pública e sempre esteve disposto a valorizar e melhorar o bom trabalho da Polícia, vem a público repudiar o episódio de violência policial ocorrido na noite de ontem durante a manifestação contra o aumento da tarifa de transporte na cidade de São Paulo. O que aconteceu é inadmissível. A Polícia extrapolou todos os protocolos de uso da força, agindo de maneira truculenta e irresponsável,

atentando contra tudo o que se espera de uma instituição que deve prestar segurança a todos os cidadãos. Absolutamente nada justifica o que se viu.

Até mesmo a conservadora seção da OAB de São Paulo publica nota condenando a ação policial:

As manifestações públicas permitem à população defender bandeiras, expressar convicções e fazer críticas e reivindicações ao Poder Público. Constituem instrumentos legítimos de cidadania e configuram o livre exercício do direito de expressão inerente ao Estado Democrático de Direito. Nesse contexto, compete à Polícia assegurar que a ordem pública seja respeitada, protegendo a população, os próprios manifestantes e aqueles que não participam diretamente do ato, mas têm sua presença justificada, como os jornalistas. Os recentes confrontos vividos na cidade de São Paulo transformaram áreas públicas em verdadeiras praças de guerra, inclusive com excessos praticados por policiais, atingindo cidadãos comuns, sem participação na manifestação, e profissionais da imprensa, que lá estavam para cumprir sua missão social de informar a sociedade, o que rigorosa apuração de responsabilidades. Urge neste momento desarmar ânimos e iniciar diálogo entre as autoridades públicas e os grupos organizados para ajuste dos polos de interesses, cessando imediatamente todos os atos de violência que vêm atemorizando a população e fragilizando a harmonia social.

Um grupo de professores da USP também publica abaixo-assinado solicitando a liberação de estudantes presos:

Nós, abaixo-assinados, professores da Universidade de São Paulo, exigimos a imediata libertação dos cidadãos feitos prisioneiros políticos pelo governo do Estado de São Paulo em razão de uma manifestação pacífica contra o aumento da tarifa do transporte público municipal. Exigimos, em especial, a imediata libertação de nossos três estudantes, José Roberto Ferreira Militão Junior, Maria Clara Guiral Bassi e Iuri Gabriel Bonfim. Além disso, exigimos a punição exemplar de todos os policiais militares engajados em injustificáveis ataques à população e aos profissionais de imprensa direta ou indiretamente envolvidos na manifestação do dia 13 de junho de 2013. Um verdadeiro Estado de direito não pode admitir esse tipo de comportamento daqueles agentes públicos pagos justamente para proteger os cidadãos paulistas. Liberdade imediata aos presos políticos de Alckmin!

A reação em cadeia que se vê nas organizações de direitos humanos também é vista nas organizações jornalísticas que se manifestam contra as agressões. A Federação Nacional dos Jornalistas condena *"a criminalização do direito constitucional de livre manifestação (e) as inadmissíveis agressões e prisões de jornalistas no exercício de suas funções"*. A Associação Brasileira de Jornalismo Investigativo também condena as agressões e cobra que *"os agentes envolvidos nas agressões físicas contra repórteres e manifestantes sejam identificados e punidos"*. Por fim, a Associação Nacional de Jornais – entidade patronal que representa 140 empresas jornalísticas – publica nota solicitando apuração e punição dos responsáveis:

A Associação Nacional de Jornais (ANJ) condena a violência policial contra jornalistas que cobriam manifestação em São Paulo, nesta quinta-feira (13/6). De acordo com todas as evidências, inclusive imagens e depoimentos dignos de confiança, a ação policial extrapolou o rigor cabível em ações voltadas à manutenção da ordem. Em particular, é inaceitável a prisão de repórteres e a brutalidade empregada pelas forças policiais contra jornalistas, mesmo depois de identificados, que apenas cumpriam seu dever de apurar os fatos. Diante do ocorrido, a ANJ espera que as autoridades investiguem o episódio, adotando as medidas cabíveis para que os responsáveis pelos excessos sejam punidos e para assegurar que o trabalho da imprensa seja respeitado e a integridade de seus profissionais preservada.

Também no PT, os posicionamentos começam a mudar. O ex-deputado José Dirceu (PT), importante liderança do partido, reconsidera a posição crítica ao movimento que vinha adotando. Desde o começo dos protestos, Dirceu criticava no seu blog o destaque que os meios de comunicação davam às manifestações, sugerindo que o faziam para desgastar a gestão do prefeito Fernando Haddad. Ele também desconfiava das intenções políticas do movimento.

Agora, citando outros analistas que pediam interlocução com o movimento, acha que chegou a hora de negociar:

> É preciso negociar com o MPL. Quem deve tomar a iniciativa é o prefeito da cidade, Fernando Haddad. Dialogar e envolver toda a cidade e entidades organizadas no debate e na busca de saídas para a situação do transporte e para a questão específica do preço da passagem. E mais do que isso: aproveitar para discutir a gravíssima situação da segurança pública e a atuação inaceitável da polícia militar e do governo do Estado. (...) Hoje me coloco frontalmente contra a repressão e espero que o movimento se reorganize e pacificamente lute e conquiste um transporte melhor para os trabalhadores da nossa São Paulo.

O diretório municipal do PT também se posiciona, publicando uma nota sobre as reivindicações em torno da revogação do aumento da tarifa. A nota lista as iniciativas petistas (atuais e passadas) no campo do transporte público e convoca a prefeitura e o MPL ao diálogo:

> É necessário discutir seriamente as formas de financiamento de uma tarifa menos onerosa para a população. A presidente Dilma já deu o primeiro passo, desonerando o transporte público do pagamento do PIS-COFINS. Precisamos avançar mais. O Estado de São Paulo pode e deve desonerar o ICMS do diesel para o transporte público, permitindo abaixar ainda mais a tarifa. E registramos ainda que é necessária uma fonte permanente de subsidio

à tarifa, oriunda daqueles que utilizam o transporte particular. Dirigimo-nos a todos que lutam por transporte público de qualidade e com tarifas mais baixas para estabelecer uma pauta programática com objetivos de curto e médio prazo para ampliar esta luta. A negociação de uma pauta de melhoria do transporte público e de tarifas menos impactantes aos usuários do sistema exige um desarmamento de espíritos e a busca do diálogo. Temos a certeza que o prefeito Haddad tem essa disposição. Da nossa parte buscaremos com todas as forças criar condições para esse diálogo entre todos que lutam por uma cidade mais justa.

O Deputado Ricardo Berzoini, outra importante liderança do PT, também pede diálogo:

Uma boa forma de os governantes reagirem diante das manifestações, além de repudiar a violência, é abrir o debate. Uma Conferência Democrática sobre a Mobilidade Urbana seria um marco. A participação de vereadores, deputados, membros dos governos, líderes dos movimentos que se manifestaram pelo passe livre, sindicalistas, empresários, estudiosos e outros atores sociais seria um exercício pleno do que há de mais valoroso na democracia: o debate público, justo e transparente.

Entre os movimentos sociais, se difundem as manifestações de apoio ao MPL de São Paulo. O Movimento Passe Livre do Distrito Federal publica uma nota de solidariedade à luta paulistana:

Fechando ruas para abrir caminhos

Uma nota de solidariedade às lutas pelo transporte no Brasil.

Há dez anos estourou em Salvador a Revolta do Buzu, que iniciou a jornada de lutas pelo transporte público no Brasil e deu origem ao Movimento Passe Livre. Naquela época, assim como hoje, acompanhávamos à distância, porém juntos, as mobilizações em Salvador e Florianópolis, imaginando como seria se acontecesse aqui. Essas inspirações, somadas à conjuntura caótica do transporte no Distrito Federal, nos levaram a iniciar o MPL-DF, almejando o transporte como um direito, não como mercadoria. Sonhávamos como seria ter um movimento apartidário e horizontal, com grandes manifestações e conquistas feitas nas ruas. Agora, dez anos depois, acompanhamos dia a dia as lutas que estouram em várias cidades do país, mas dessa vez nós sabemos como é estar nas ruas, sabemos como é enfrentar a violência da polícia e as mentiras da mídia, que insiste em dizer coisas como "manifestantes entraram em confronto com a polícia" ou "vândalos causam engarrafamento". Violência não é fechar uma rua ou pichar um ônibus, violência é condenar a existência de milhares de pessoas a uma cidade segregada, para que uns poucos possam lucrar. Ao final gostaríamos de dizer a todos os companheiros que estão nas ruas, sobretudo as/os do Movimento Passe Livre, que o que mais queríamos neste momento era estar aí ao lado de vocês, fechando ruas para abrir caminhos. Consideramos seriamente a possibilidade de partir e nos juntarmos às diversas mobilizações pelo país, mas podemos garantir que a nossa solidariedade se traduzirá em lutas aqui no DF. Nenhum político, empresário ou policial poderá destruir o que construímos com as nossas próprias mãos.

Por uma vida sem catracas,
Rumo à tarifa zero,
Movimento Passe Livre – DF.

Nas redes sociais, é muito difundido o vídeo no qual, durante protesto de 5 mil pessoas no Rio de Janeiro, os manifestantes gritam em coro:

São Paulo, São Paulo, não para de lutar! A luta da passagem tem que nacionalizar!

No final da tarde, a prefeitura convoca o Conselho da Cidade – que havia se reunido apenas uma vez desde o início da gestão – para discutir extraordinariamente o transporte público na terça-feira, dia 18. O MPL é convidado, mas não é mencionado no convite enviado aos conselheiros:

CONSELHO DA CIDADE
REUNIÃO EXTRAORDINÁRIA
AOS MEMBROS DO CONSELHO DA CIDADE

O Prefeito Fernando Haddad decidiu convocar os membros do Conselho da Cidade para reunião extraordinária na próxima terça-feira (18/6), às 9h da manhã.

A pauta da reunião será o transporte público no município de São Paulo.

Contamos com a presença de todos e de todas!

À noite o *Jornal Nacional* se atém a denúncias do abuso da força policial, munido de depoimentos de várias pessoas que sofreram com as ações da polícia militar e vídeos compartilhados nas redes. Aparecem ainda imagens de uma médica chorando de desespero, um estudante atingido por uma bala de borracha, uma ativista do MPL falando sobre a desproporcionalidade da ação da PM, um estudante afirmando que a violência partiu da polícia, uma senhora que reclama dos efeitos do gás lacrimogêneo e um homem que recebeu agressões arbitrárias da polícia.

Os relatos de vandalismo são pontuais e, no geral, abordados como reação à postura da polícia: os manifestantes teriam, segundo o JN, ateado fogo em lixo para deter o avanço da tropa. Segundo o jornal, vidros de prédios foram quebrados, houve pichações e ônibus foram quase depredados; ainda assim, afirma-se que o ato foi marcado por excessos da PM, que disparava sem ter sido alvejada por manifestantes. O mesmo vídeo que havia sido veiculado editado no dia anterior e mostrava um manifestante brigando com um policial militar é exibido integralmente. Dessa vez, aparecem os segundos anteriores ao atrito: ao presenciar detenções policiais, o rapaz se manifesta e também é levado pela polícia.

A reação do governo à repercussão do ato de quinta-feira é detalhada no jornal televisivo:

O secretário de Segurança Pública, Fernando Grella, defendeu a ação da polícia. Ele informou que foi aberta uma investigação para apurar se houve abusos. "A atuação da polícia foi correta. Temos o compromisso de apurar todos os fatos que aconteceram. O porquê dessas situações noticiadas de abuso. Mas ela cumpriu o papel dela de procurar preservar a ordem e garantir o direito de liberdade de ir e vir das pessoas", ressaltou Fernando Grella, secretário de Segurança Pública. O prefeito Fernando Haddad voltou a afirmar que não haverá redução da passagem de ônibus, em São Paulo. Sobre a atuação da polícia, ele disse que pode ter havido erro. "Nos três primeiros atos, a condução da polícia militar parecia estar adequada aos protocolos que a própria polícia estabelece para seus integrantes. O dia de ontem, segundo as imagens, eu estou me baseando nas imagens e nos depoimentos de repórteres, parece que esses protocolos não foram observados, razão pela qual o secretário de Segurança Pública determinou a apuração", destacou Fernando Haddad, prefeito de São Paulo. Em Brasília, houve repercussão no Senado sobre os conflitos em São Paulo. O líder do PSDB defendeu a conduta da PM paulista. "Não cabe a forma de luta violenta para defender qualquer reivindicação, por mais legítima que seja, em um regime democrático. Se isso ocorrer, cabe sim, a intervenção da Polícia para a manutenção da ordem, para a garantia do respeito à lei", disse o senador Aloysio Nunes Ferreira, do PSDB de SP, líder do partido. O ministro da Justiça disse que, pelas imagens que viu, houve excesso da polícia de São Paulo. Ele voltou a oferecer ajuda federal ao governo do Estado. "Podemos auxiliar na questão dos serviços de inteligência policial. Nós podemos somar, para entendermos o movimento, para que possamos ter as situações de análises adequadas. Como também podemos ajudar na mediação de conflitos. A Força Nacional tem uma expertise indiscutível para a atuação nesses casos de distúrbio civis", afirmou o ministro José Eduardo Cardozo. O secretario de Segurança Pública de São Paulo, Fernando Grella, voltou a dizer que a PM agiu para manter a ordem. E que situações isoladas de abuso vão ser apuradas com rigor.

Na rede Bandeirantes, o apresentador Datena, apesar de evidentemente desconfortável por ter assumido a defesa das manifestações por conta da reação de seus telespectadores no dia anterior, questiona Alckmin sobre os excessos cometidos pela polícia. O governador afirma que serão investigados abusos, mas mantém o discurso de que a ação da polícia teve como objetivo prevenir as depredações e que resguardou o direito de ir e vir da população:

[DATENA] **Vamos começar pelo começo e (por) perguntas que eu tenho que fazer – se eu não fizer, eu não sou um jornalista, certo? Eu estava transmitindo ontem e elogiando a posição dos policiais e dos manifestantes. De repente, eu ouço falar que tem bomba pra todo lado, tiro** pra todo lado, bala de borracha, jornalista que foi atingido – não só jornalista mas pessoas que passavam por ali e que não tinham nada a ver com o peixe – manifestantes e aí por diante. Governador, aquilo foi um erro da polícia? Foi um comando errado? Foi necessário? Como o Governador vê essa situação? [ALCKMIN] Datena, quero cumprimentá-lo, cumprimentar todos os telespectadores do Brasil Urgente da Band, e dizer o seguinte: nós temos observado de forma reiterada um grupo de líderes de um movimento promovendo atos de violência: veja que na última terça-feira foram 80 ônibus depredados. Ontem não foi maior a depredação pela ação da polícia, e foram 48 ônibus depredados e pichados. Tivemos treze policiais feridos, um inclusive ainda está hospitalizado. Tivemos estação de metrô também depredada. É dever da polícia garantir o direito de ir e vir das pessoas, quem quer trabalhar, poder voltar pra casa, o comércio poder abrir, a patrimônio público ser preservado, a preservação do patrimônio privado; enfim, a cidade funcionar. A manifestação nós defendemos, é normal – eu tô vendo aí, você tava mostrando aí a manifestação contra dinheiro público em estádio da Copa do Mundo; eu também sou totalmente favorável que não haja dinheiro público em estádio da Copa do Mundo, tanto é que em São Paulo estádio é privado, não tem um centavo do governo do Estado. Nós temos manifestação todo dia, e a polícia, Datena, trabalha com isso todo dia, acompanha, até pra preservar a integridade dos manifestantes, pra ajudar a ordenar o trânsito, enfim, ela faz esse acompanhamento.

Isso é normal e não há qualquer problema. O problema é isso ser transformado em depredação. Veja que onde passou esse movimento foi um rastro de destruição. E é uma coisa organizada, porque você teve no Rio de Janeiro, teve em Natal, teve em Belo Horizonte, teve em Porto Alegre. Em Porto Alegre nem aumento de tarifa houve. Eu estava em Santos ontem – lá também teve o mesmo movimento – e não teve aumento de tarifa. Então há que se separar as coisas. Em relação a abuso policial, não temos contemporização com o erro, de nenhum lado. Então já está sendo investigado, para que não haja abuso e a polícia seja extremamente profissional.

15
de junho, sábado

e
16
de junho, domingo

DATAFOLHA MOSTRA INSATISFAÇÃO NO TRANSPORTE PÚBLICO
O GLOBO MOSTRA RELEVÂNCIA DOS 20 CENTAVOS
JORNAIS CRITICAM A POLÍCIA
FAMOSOS APOIAM PROTESTOS
SEGURANÇA PÚBLICA CHAMA NEGOCIAÇÃO SOBRE TRAJETO
DA PRÓXIMA MANIFESTAÇÃO
IMPRENSA ADOTA NOVA POSTURA

As críticas à ação policial, difundidas desde sexta-feira, mudaram o clima da cobertura da imprensa e da opinião pública. Na *Folha* do sábado, uma matéria de capa intitulada **"Avaliação do transporte público de SP é a pior desde 87, diz Datafolha"** apresenta pesquisa mostrando que 75% dos paulistanos consideram as passagens de transporte público caras ou muito caras, 55% acham o transporte ruim ou péssimo e 67% consideram o reajuste das passagens elevado.

No jornal *O Globo* de domingo, outra matéria traz elementos em apoio à causa dos manifestantes. Até então, muitas das críticas aos protestos ressaltavam que o aumento de 20 centavos nas passagens, além de ser abaixo da inflação, não era significativo. Com uma abordagem diferente, a matéria do *Globo* traz depoimentos de trabalhadores que não podem pagar a tarifa do transporte público:

O preço da volta para casa; país tem 37 milhões de pessoas que não têm dinheiro para pagar passagem regularmente.

Madrugada no Parque São José, bairro da periferia de Belford Roxo, na Baixada Fluminense, Região Metropolitana do Rio de Janeiro. Às 4h30m, o operário da construção civil Lincoln Key Taíra, 49 anos, tira do bolso R$ 5,50 para a passagem de ônibus. Ao sair de casa com destino ao trabalho, Taíra não tem a certeza de voltar para casa à noite, abraçar a mulher e os quatro filhos. Quando não consegue o dinheiro para pagar a tarifa, resta a ele procurar um lugar para dormir. Para não ficar na rua, Taíra recorre à calçada do Hospital Municipal Souza Aguiar, no Centro do Rio, como abrigo. O morador de Belford Roxo é um dos 37 milhões de brasileiros que, semanalmente, não podem usar o transporte público de forma regular, por não terem como pagar a tarifa ou, simplesmente, como forma de economizar. A estatística é da Associação Nacional das Empresas de Transportes Urbanos (NTU) e tem como base estudos do Instituto de Pesquisa Econômica Aplicada (Ipea).

Além de explorar os motivos que levam os manifestantes a protestar, os meios de comunicação continuam a denunciar os abusos policiais cometidos na quinta-feira. A *Folha de S.Paulo*, que no dia 13 havia pedido à polícia que fizesse valer com rigor as restrições para protestos na Avenida Paulista, publica um editorial muito crítico à ação policial:

Agentes do caos

A polícia militar do Estado de São Paulo protagonizou, na noite de anteontem, um espetáculo de despreparo, truculência e falta de controle ainda mais grave que o vandalismo e a violência dos manifestantes, que tinha por missão coibir. Cabe à PM impor a ordem, e não contribuir para a desordem. (...) No quarto protesto, a responsável maior pela violência passou a ser a própria PM. Pessoas sem envolvimento no confronto foram vítimas da brutalidade policial. Transeuntes, funcionários do comércio, manifestantes pacíficos e até frequentadores de bar foram atacados com cassetetes e bombas. Sete repórteres da Folha terminaram atingidos, quatro deles com balas de borracha, em meio à violência indiscriminada da polícia. (...) Revela-se despreparo – e covardia –, entretanto, quando se ataca indiscriminadamente a população indefesa, ainda que sob a justificativa de defender a liberdade de ir e vir dos prejudicados pela manifestação. Nem mesmo o saldo de 13 PMs feridos justifica o emprego de meios excessivos pela polícia. Tampouco foi eficaz a ação da PM, afinal ela acabou contribuindo para paralisar a cidade, mais até do que o próprio protesto. De promotores da paz pública, policiais transformaram-se em agentes do caos e da truculência que lhes cabia reprimir, dentro da lei, da legitimidade e da razão.

A ação da polícia é questionada, segundo o jornal, até mesmo na avaliação de oficiais da própria PM:

Faltou comando na ação policial. A tropa de choque demorou a agir. Os policiais cometeram excessos e não cumpriram regras básicas de seu manual de conduta. Essas foram as conclusões de oficiais da PM com acesso à cúpula da Segurança Pública de São Paulo sobre a ação da instituição no protesto de anteontem na região central da capital paulista.

A revista *IstoÉ*, no mesmo sentido, publica reportagem com a sugestiva chamada de capa **"A volta da repressão"**:

Manifestantes de movimentos sociais voltam às ruas das grandes capitais e são reprimidos com uma truculência injustificável e desproporcional, que não é vista desde os tempos da ditadura

A comparação com período militar aparece também no editorial da revista, em crítica dura à polícia militar:

O autoritarismo não pode prevalecer

(...) Nos protestos da semana passada, mais uma vez a resposta oficial aos manifestantes foi desmedida e fora de propósito. Policiais de cassetete na mão, montados em cavalaria e armados com balas de borracha, atacaram e

avançaram sem dó contra a turba, deixando centenas de feridos, física e moralmente. Não devemos ser tolerantes e coniventes com a repressão em nenhum estágio possível, por menor que ela esteja, como também não podemos ser indulgentes com a violência sem propósito, seja de que lado for. A sociedade brasileira já viveu, da pior maneira, os reflexos negativos e danos provocados pelos anos de chumbo de uma ditadura militar que limitou todos os direitos – inclusive o mais elementar, que é o protesto. Aceitar o retorno desse estado de coisas é inaceitável. A democracia é naturalmente movida por ações reivindicatórias do povo. Tolher esse espírito é um ato tirânico cujas consequências ninguém quer assistir de novo.

A repercussão da abusiva repressão policial nos últimos dias parece indicar uma forte ampliação da dimensão dos protestos. A previsão de que as manifestações teriam adesão de um número cada vez maior de pessoas, motivadas pela reivindicação do próprio direito de manifestar-se e contrárias à reação desproporcional da polícia é anunciada pelo *Estado* nas seguintes manchetes:

Repressão da PM faz movimento crescer e mudarfoco de protesto

'Baderneiro' vira 'mocinho' com reação desproporcional

Em decorrência das denúncias de abuso policial e à medida que as expectativas para o protesto de segunda-feira tomavam grandes proporções, celebridades passam a expressar apoio às manifestações. A cantora Elza Soares, na Feira do Livro de Ribeirão Preto, adapta a canção "Opinião", de Zé Keti, criticando o aumento da tarifa. O vídeo da apresentação torna-se rapidamente viral nas redes sociais e é visualizado por mais de 50 mil pessoas:

Podem me prender, podem me bater, podem até deixar-me sem comer que eu não mudo de opinião. 20 centavos eu não pago não. Mas 20 centavos eu não tenho não. 20 centavos é covardia, meu irmão. É covardia, meu irmão. É covardia, meu irmão.

A campanha "Dói em Todos Nós", organizada pelo fotógrafo Yuri Sardenberg, apresenta fotografias de personalidades brasileiras com os olhos maquiados de roxo em referência à jornalista Giuliana Vallone, atingida por policiais na quinta-feira. Luciana Mello, Ricardo Mansur, Yasmin Brunet e Thayla Ayala são alguns dos famosos que posam simulando terem sido agredidos. As imagens, em alguns casos, vêm acompanhadas de depoimentos, que apontam, por sua vez, para a ampliação da pauta dos protestos:

[THAILA AYALA] **Tenho pena das pessoas que não têm informações, nada além dessas notícias deturpadas e que ainda acham que tudo isso é arruaça por 20 centavos! Acorda, Brasil! Essa é nossa chance de mudar, de crescermos, de brigarmos por uma educação decente, saúde, segurança.**

[Yasmin Brunet] **Isso é por nossos direitos! Não é pelos 20 centavos. É pela ditadura e democracia inexistente, repressão e opressão, correntes e prisão sem muros, a roubalheira do governo, pela falta de atenção e prioridade da saúde e educação, pela violência. Nós somos brasileiros e não fugimos à luta!**

Além das celebridades que participam da campanha, outras celebridades – das mais progressistas às mais conservadoras – se manifestam no Facebook e no Twitter, entre eles o comediante Rafinha Bastos, o apresentador de TV Luciano Hulk e a cantora Luiza Possi, além da top model Candice Swanepoel e da integrante da banda Rage Against The Machine, Tom Morello.

A estilista e comentarista de moda Gloria Kalil publica em seu blog *Chic* artigo intitulado "Moda para protesto", em que orienta aqueles que forem às ruas sobre como se vestir e o que levar, replicando intervenção que havia feito dez anos antes durante os protestos contra a ALCA:

Mais que cores partidárias ou máscaras fantasiosas, é preciso pensar em peças utilitárias para enfrentar a guerra – ainda que unilateral – e se proteger, por mais que todos queiramos uma manifestação pacífica. (...) Muito se fala em panos embebidos em vinagre para diminuir os efeitos do gás. Nesse caso, quanto menos sintético o tecido, melhor. Leve camisetas, bandanas, pedaços de algodão, que seguram melhor a substância e também

te ajudam a respirar. Acetinados, sedas e acrílicos não são tão eficientes. (...) É isso. Nos vemos nas ruas.

Além dela, outros sites, blogs e páginas do Facebook – já existentes ou recém-criadas – publicam dicas para novos ativistas e sugestões de como contribuir com o movimento ou apoiá-lo, sem sair de casa:abrir a rede wi-fi para uso dos manifestantes ou disponibilizar vinagre na portaria do prédio. O evento de Facebook "Vem para a janela!", com 280 mil pessoas confirmadas, indica àqueles que têm medo de ir às ruas que coloquem lençóis brancos em suas janelas em apoio às manifestações.

Somando-se ao ato convocado pelo Movimento Passe Livre para segunda-feira, são criados outros eventos no Facebook para a mesma data e local, como a "Grande quadrilha no quinto grande ato contra!" e a "Marcha pela legalização do Vinagre", com o lema "Liberté, Egalité, Fraternité, Vinagré". Com sarcasmo, é criada na *Wikipedia* o verbete "Revolta da Salada", no qual a nomeação dos protestos é assim justificada:

O nome popular "Revolta da Salada" é devido à "suposta" proibição do uso de vinagre no protesto. No dia 13 de junho de 2013, agentes da polícia militar do Estado de São Paulo, atuando contra manifestações populares do Movimento Passe Livre, prenderam mais de 60 manifestantes por estarem portando vinagre, já que este atenua os efeitos da bomba de gás lacrimogêneo, segundo o jornalista Piero Locatelli, do veículo Carta

Capital, que também foi levado para a polícia civil por carregar uma garrafa de vinagre.

Para além das redes sociais, são criadas diversas plataformas de apoio aos manifestantes, como uma comissão de estudantes de medicina que se dispõe a prestar os primeiros socorros nos protestos, um centro cultural no centro da cidade que oferece suporte médico para os feridos, um empresário que oferece sua gráfica para a impressão de cartazes e um coletivo de diagramadores e designers que se oferece para produzir imagens de mobilização e propaganda.

O apoio às manifestações cresce não só na cidade de São Paulo, mas em todo o Brasil. As *hashtags #mudabrasil*, *#changebrazil* e *#ogiganteacordou* dominam as redes sociais em todo o país, refletindo a exaltação à mobilização popular e à nacionalização dos protestos. Para a segunda-feira são convocadas manifestações simultâneas em dezenas de cidades do país, como Araraquara, Bauru, Votuporanga, Itapetininga, Campinas, Guarujá, Santos, Poços de Caldas, Juiz de Fora, Viçosa, Belo Horizonte, Vitória, Sorocaba, Londrina, Ponta Grossa, Florianópolis, Cascavel, Curitiba, Foz do Iguaçu, Porto Alegre, Novo Hamburgo, Rio de Janeiro, Três Rios, Niterói, Brasília, Goiânia, Belém, Recife, Fortaleza, Maceió, Salvador.

Além disso, são marcados protestos em apoio às manifestações brasileiras em 27 cidades pelo mundo: Paris, Valencia, Madri, Londres, Lisboa, Berlim, Turim, Coimbra, Den Haag, Porto, Barcelona, Dublin, Munique, La Coruña, Bruxelas, Frankfurt, Hamburgo, Boston, Chicago, Nova York,

Toronto, Montreal, Vancouver, Edmonton, Cidade do México, Buenos Aires, Tóquio.

Diante do apoio recebido pelo movimento e da possível amplificação da dimensão das manifestações, o secretário de Segurança Pública do governo do estado, Fernando Grella, convida o MPL para uma reunião de negociação na segunda-feira e convoca uma coletiva para informar a imprensa da decisão:

> **Queremos que os manifestantes exerçam seu direito de expressar, de protestar e também queremos assegurar a partir desta reunião que as pessoas que trabalham e que estudam possam fazê-lo da melhor maneira possível. (...) Com base na informação do trajeto previsto, a Secretaria fará o ordenamento do trânsito, de modo que a população não saia prejudicada. São Paulo é uma cidade livre, e em que se pode exercer a cidadania. São Paulo não quer violência; os paulistanos, mesmo os que não participam do movimento, não querem que se repitam os fatos da semana passada.**

Durante esse final de semana, os meios de comunicação começam uma notável mudança de discurso. Até a quinta-feira eles haviam se dedicado a desqualificar o movimento por três motivos: por não ter representatividade (já que era formado por estudantes e punks, ligados a partidos extremistas e sem expressão), por defender uma reivindicação absurda (já que o aumento da passagem tinha sido abaixo da inflação) e por atuar por meio da violência e do vandalismo. O auge desse discurso se manifesta na quarta e na quinta-feira, quando o MPL é massacrado pela imprensa escrita e televisiva. Na sexta-feira, sob as dúvidas suscitadas pela brutal ação policial, a cobertura começa a mudar e agora, no fim de semana, caminha para algo substancialmente diferente.

A solidariedade despertada pelos abusos da repressão policial na quinta-feira, somada ao natural apelo público da reivindicação pela redução das passagens, tornam a luta contra o aumento popular. A legitimidade do movimento torna-se perigosamente grande. Os meios de comunicação reagem, deixando de tratar as manifestações como episódios pontuais e começando a tratá-las como parte de uma crise. Além disso, talvez amparados pelas evidências de apoio popular à reivindicação, deixam de lembrar em cada matéria as justificativas dadas pelos governantes para o aumento das passagens. E, por fim, contrapõem ao cerceamento do direito de ir e vir dos cidadãos o direito democrático de manifestação. Nota-se, sobretudo, uma mudança no discurso dos meios em especial de duas maneiras: eles param de identificar o movimento com os partidos políticos da extrema-esquerda; e, adicionalmente, sugerem que sob a insatisfação com o preço das passagens escondem-se muitas outras insatisfações.

A estratégia de relacionar o movimento a pequenos partidos de extrema-esquerda para desqualificá-lo sofreu uma curiosa modificação. Quase toda a cobertura da imprensa escrita até esse momento utilizava a presença do PSOL, PSTU e PCO para dizer que o movimento carecia de representatividade. No entanto, uma insólita matéria na *Folha de S.Paulo* do sábado inicia a guinada que faz com que os partidos deixem de ser identificados com o movimento legítimo. A reportagem, supostamente apoiada num relatório da inteligência da polícia militar, argumenta que o PSOL estaria recrutando punks para atos de violência nos protestos.

Serviço secreto da PM diz que PSOL "recruta" punks para protestos

O serviço secreto da polícia militar afirma em relatórios sobre as manifestações contra o aumento das tarifas de transporte em São Paulo que os grupos mais violentos nem sempre agem de maneira espontânea. Punks que partem para o quebra-quebra são arregimentados por militantes do PSOL (Partido Socialismo e Liberdade) com o objetivo de desgastar o PT do prefeito Fernando Haddad e o PSDB do governador Geraldo Alckmin, de acordo com documentos sigilosos aos quais a Folha teve acesso. (...) A avaliação da polícia é que o Movimento Passe Livre tem intenções "sinceras" ao defender a redução da tarifa de R\$ 3,20 para R\$ 3,00 e não tem orientações violentas. Mas, como não aceita lideranças, permite que esse tipo de comportamento violento explore o movimento.

A matéria sugere a tese de que punks anarquistas realizavam tarefas para seus adversários trotskistas e assim cumpriam uma agenda política do partido. Apesar de inverossímil, a matéria ganha chamada na capa do jornal e cumpre uma função discursiva clara: separar os bons dos maus manifestantes – isto é, os apartidários dos partidários (sobretudo dos partidos da extrema esquerda) e os não violentos dos violentos. Surpreendentemente, o MPL, que exerce a liderança política das mobilizações e que até então vinha sendo desqualificado, aparece como apartidário e "sincero", além de "não violento". A mudança aponta, em realidade, para distinção entre vândalos e manifestantes.

Vemos no fim de semana um segundo movimento discursivo importante. Embora na manifestação de quinta-feira não fosse possível perceber outras demandas que não a da redução do preço das passagens, no fim de semana diversos órgãos da imprensa começam a buscar novas motivações para os protestos. A intervenção mais importante, tanto pelo teor quanto pelo impacto da tiragem, é a da revista *Veja*. Com uma reportagem típica, na qual desqualifica os manifestantes de classe média por defenderem uma demanda popular (nada incomoda mais a *Veja* do que a traição de classe), a revista sugere que deve haver um motivo que não seja apenas a confusão e a excitação juvenil para os protestos. A capa da revista mais lida do país sugere um motivo: **"A Revolta dos jovens – Depois do preço das passagens, a vez da corrupção e da criminalidade?"** O editorial é ainda mais explícito:

Uma reportagem especial desta edição se dispõe a explicar o que querem os jovens brasileiros que estão vandalizando as ruas a pretexto de lutar contra o aumento de 20 centavos nas passagens urbanas. Eles querem protestar.

São donos de uma indignação difusa contra o "sistema" e pregam que um "outro mundo é possível". (...) Eles [jovens brasileiros e manifestantes do Ocuppy Wall Street em 2011] têm em comum principalmente o fato de pertencer às classes médias e ricas de seus respectivos países. (...) Os repórteres de VEJA entrevistaram dezenas de jovens nas ruas de São Paulo e do Rio de Janeiro que, candidamente, confessaram nunca andar de ônibus, mas protestavam mesmo assim em nome de suas empregadas domésticas. Fosse esse mesmo o caso, seria mais eficiente pedir aos pais um aumento de salário para elas. Uma lição valiosa, porém, é a de que esses surtos de indignação da juventude sempre guardam uma razão real escondida atrás dos cartazes com dizeres desconexos e palavras de ordem utópicas. Eles não podem ser simplesmente descartados como arroubos naturais daquela idade em que, como dizia o ditado, sobra força e falta sabedoria. Tampouco ajuda enxergar esses jovens apenas como massa de manobra de partidos radicais. É muito útil tentar decifrar quais são as verdadeiras frustrações extravasadas violentamente por eles nas ruas das grandes cidades brasileiras.

Ao longo da matéria de título **"A razão de tanta fúria – os jovens já marcharam pela paz, democracia e liberdade. Os de agora vão às ruas para baixar o preço das passagens. Mas isso é tudo?"**, a revista reforça diversas vezes que o aumento da tarifa é apenas mais um dos elementos de mobilização da população – ou até, segundo depoimento de uma estudante, a menor das questões.

Um pouco mais sutil é a revista *Época*. Ela também atenta para o tema em sua matéria de capa, com a chamada **"Quem são eles? Como agem, o que pensam e até onde querem chegar os manifestantes que paralisaram as principais cidades brasileiras"**. Mas, ao contrário da revista *Veja*, centra sua narrativa na questão dos transportes e confere o protagonismo das manifestações ao Movimento Passe Livre. No final da matéria, no entanto, sugere que o MPL só seria ouvido pelo governo federal se ampliasse sua pauta:

Até a semana passada, o Palácio do Planalto pouco sabia sobre o MPL. A Abin não antecipara à Presidência da República que poderiam ocorrer novas manifestações, muito menos com tamanho grau de virulência. (...) A presidente Dilma preferiu ficar distante. O MPL promete mais barulho. Se suas ações não forem motivadas apenas pelo aumento das passagens de ônibus, ela talvez tenha de rever sua decisão.

Outra grande revista semanal, a *IstoÉ*, relata com centralidade a luta pela redução da tarifa em sua capa e confere legitimidade à demanda dos manifestantes, destacando no olho da matéria:

O cidadão que anda de ônibus duas vezes ao dia deixa na catraca três salários mínimos por ano. Há razões para protestar.

Num box, no entanto, a revista também detecta o suposto surgimento de pautas difusas:

Insatisfações difusas

Uma grande diversidade de rostos mostrou que os protestos da última semana não foram formados apenas por integrantes do Movimento Passe Livre, organizado pelas redes sociais, alegadamente sem lideranças e autodefinido como apartidário. Entre os manifestantes - algo em torno de 5% deles – havia os chamados anarco-punks, que promovem culto à violência e costumam esconder o rosto com capuz. Houve ainda um grupo mais heterogêneo, oriundo da periferia de São Paulo e convocado por redes sociais, a bradar insatisfações e empunhar bandeiras das mais diferentes, como a liberalização da maconha, a descriminalização do aborto e até contra o aumento da inflação. Normalmente, esses grupos não surgem nos primeiros dias das mobilizações, mas naquela etapa em que o movimento ganha dinâmica própria.

O mesmo sentimento de que a pauta estava se ampliando aparece também em matéria na *Folha de S.Paulo* de domingo, assinada pelos editores das seções "Cotidiano" (que cobre a cidade) e "Mundo" (que cobre a política internacional):

Polícia insuflou protestos em SP e Istambul

Os dois movimentos de protesto que ocuparam o noticiário nas últimas semanas, em Istambul e São Paulo, têm contextos diferentes, mas seguem roteiro semelhante.

Começaram com uma pauta centrada no dia a dia das cidades – a defesa de um parque, no caso turco, e a rejeição ao aumento da tarifa de ônibus, no brasileiro. Demandas que, relevância à parte, pareciam muito pouco para fazer as coisas chegarem onde chegaram. Nos dois casos, porém, a ação da polícia vem contribuindo para tirar das manifestações o caráter restrito e engrandecê-las. (...) Não será surpresa se nos próximos protestos a tarifa de ônibus virar um rodapé de algo maior, o direito de se manifestar sem ser agredido. Exatamente como ocorreu com as árvores de Istambul.

No sábado, uma matéria do jornal *O Estado de S.Paulo* também chama a atenção em para o fato de que a repressão policial amplia a pauta das manifestações:

Depois da violência policial no último protesto, o movimento cresceu em tamanho e número de causas. No próximo ato, na segunda-feira, além de criticarem o aumento de R$ 3 para R$ 3,20 nas passagens, os jovens também se posicionarão pelo direito de manifestação e contra a repressão da polícia. Até a noite de ontem, 106 mil internautas já haviam confirmado participação no protesto. Entidades sem ligação direta com a redução das tarifas, incluindo do Greenpeace à Comissão de Justiça e Paz da Arquidiocese de São Paulo, repudiaram a violência.

A revista *São Paulo,* que circula com o jornal *Folha de S.Paulo* no domingo, faz uma chamada de capa com o título

"Fragmentos de uma manifestação". A matéria, rápida e leve, é recheada de frases e expressões colhidas no evento, além de muitas fotos. A imagem que abre a matéria mostra um jovem pichando um muro, com uma jaqueta estampada com o símbolo do PT riscado por um "X". Nenhuma imagem ou citação apresenta as demandas pela redução do preço da passagem. Das nove imagens relativas ao protesto, apenas uma continha um cartaz, no qual se lia *"isso é + do que um protesto contra o aumento/ isso é um grito popular de que não aguentamos mais tanta corrupção!!!"*.

Também do grupo *Folha*, o programa televisivo *TV Folha*, veiculado na TV Cultura, dedica-se a denunciar a violência policial que tinha atingido com força uma jornalista da empresa. Além de denunciar a atuação da polícia, o programa apresenta a opinião de colunistas que defendem que a luta pelo aumento é uma oportunidade para a expressão de outras insatisfações populares: o psicanalista e colunista do jornal *Folha de S.Paulo* Contardo Calligaris diz:

O aumento da tarifa de ônibus é um pretexto. Digo isso não no sentido de diminuir, mas de uma certa forma o contrário: de aumentar a relevância do que está acontecendo. E estamos num processo lento e trabalhoso, mas que poderíamos imaginar que fosse um projeto de melhoria, pelo menos econômica, do país, e pelo menos isso é a imagem que nós temos.

Outro colunista, Marcos Augusto Gonçalves, reitera:

Eu achava que a reivindicação não era forte o suficiente. Na quinta-feira eu me dei conta que essa reivindicação da passagem conseguiu catalisar uma insatisfação meio generalizada (...). Há uma energia, um desejo de manifestação.

Embora no protesto de quinta-feira não fosse possível perceber nas ruas de São Paulo qualquer expressão significativa de outras reivindicações que não a rejeição ao aumento das passagens, a imprensa começa claramente a enxergar e dar destaque à difusão de pautas. O editorial da revista *Veja* é apenas a face explícita deste processo. O profundo desacordo entre o que estava nas ruas na quinta e a cobertura da imprensa pode ter muitas explicações. Uma possibilidade é de que a crítica à violência policial de fato tenha entrado espontaneamente no rol das revindicações e ganho centralidade no discurso dos manifestantes. Algo semelhante tinha ocorrido, dois anos atrás, quando a repressão a uma marcha pela legalização da maconha havia se convertido numa "marcha da liberdade". Da mesma maneira, a repressão ao direito de manifestação na quinta-feira deve ter gerado indignação e uma certa solidariedade difusa aos manifestantes que exercitavam esse direito. No entanto, isso não significava necessariamente uma ampliação para outras pautas que não o direito de manifestação.

Na sexta, o MPL havia divulgado pelo Facebook uma imagem que dizia *"Não é por 20 centavos. É por direitos"*. Essa frase respondia à tentativa dos meios de comunicação e da opinião pública de desvalorizar a reivindicação pela revogação do aumento, a partir do argumento de que a quantia de 20 centavos não era representativa o suficiente para justificar a mobilização nas ruas. Embora para o MPL o slogan indicasse que a luta pela redução das passagens aponta para o direito mais amplo de mobilidade urbana, para muitos manifestantes, assim como possivelmente para parte da imprensa, esses direitos se referiram a outros direitos sociais.

Se analisarmos o que é publicamente compartilhado nas redes sociais no fim de semana, vemos que, desde a sexta-feira – ou seja, mais ou menos quando começam a circular as revistas semanais – algumas das publicações mais compartilhadas dos nós mais ativos nas redes sociais já incorporam a dispersão de pauta. A análise foi feita pela agência Interagentes (2013), que identificou os nós mais ativos durantes os protestos (isto é, os emissores de conteúdo relacionados aos protestos que foram mais compartilhados) e, entre esses emissores, as publicações mais compartilhadas.

O site *Protestaí*, uma plataforma online para divulgar reclamações, publica ainda na quinta-feira, no Facebook, uma imagem dizendo:

Você reclama que brasileiros não ligam para política. E quando vão às ruas, você critica? Não são 20 centavos, é uma geração acordando e exigindo melhorias! Hoje é transporte público, amanhã saúde e educação! Queremos melhores condições de vida em nossa sociedade!

Na própria quinta-feira, ela já é a terceira publicação mais compartilhada entre os nós mais ativos do Facebook e na sexta-feira, torna-se a mais compartilhada. Na sexta, a segunda publicação mais compartilhada também aponta para a dispersão de pauta. Trata-se de uma imagem que mostra um manifestante com o rosto coberto segurando um cartaz que diz

Copa FIFA=33 bilhõe$
Olimpíada=26 bilhõe$
Corrupção=50 bilhõe$
Salário Min.=678 reai$
e você ainda acha que é por 20 centavos???

A quinta publicação mais compartilhada também se refere a uma insatisfação que não diz respeito à tarifa dos transportes. Trata-se de uma imagem difundida pelo grupo hacker AnonymousBrasil na qual se veem manifestantes com uma faixa dizendo: *"O povo acordou, o povo decidiu, ou para a roubalheira, ou paramos o Brasil!"*. Corrupção, gastos com a Copa do Mundo e Olimpíadas, além de saúde e educação, definitivamente disputam com a questão das passagens nos transportes públicos a proeminência no "discurso manifestante".

É difícil determinar exatamente qual a relação entre o discurso espontâneo das redes sociais e a ação planejada dos meios de comunicação de massa. O que é possível dizer é que, para a grande imprensa, há dois padrões de conduta: há aqueles que perscrutam a manifestação para encontrar nela os indícios de uma insatisfação que transcenda a pauta dos transportes; e outros – como a revista

Veja – que menosprezam a pauta original e propõem aos manifestantes que abracem causas sugeridas por eles. Essa atitude se assemelha à da imprensa colombiana que, em 2008, se apropriou e amplificou uma manifestação contra as FARC por meio de uma estratégia de legitimidade amplificada – ou seja, selecionando estrategicamente uma ação espontânea legítima e amplificando-a por meio da sobre--exposição nos meios de comunicação de massa.

De maneira orquestrada ou casual – isto é, conduzindo ou sendo conduzidos pela "opinião pública" – , o fato é que a imagem dos manifestantes transmitida pelos meios de comunicação sofre uma profunda transformação. Eles deixam de ser os vândalos isolados e irresponsáveis dos primeiros dias e passam a ser vistos como um grupo social predominantemente legítimo que, partindo da crítica ao custo dos transportes, aponta para uma crítica mais ampla às deficiências da política e do Estado brasileiro.

17 de junho, segunda-feira

DISPERSÃO DE PAUTA DAS MANIFESTAÇÕES
ALCKMIN ORDENA SUSPENSÃO DO USO DE ARMAS MENOS LETAIS
TRAJETO E ACOMPANHAMENTO POLICIAL SÃO NEGOCIADOS COM A SEGURANÇA PÚBLICA
MPL SE REÚNE COM SECRETÁRIO E PREFEITO
MPL FAZ COLETIVA DE IMPRENSA
EX-PRESIDENTES APOIAM A MOBILIZAÇÃO
QUINTO GRANDE ATO REÚNE CEM MIL PESSOAS
MANIFESTAÇÃO NO RIO SUPERA EXPECTATIVAS
IMPRENSA CONSOLIDA APOIO A MANIFESTAÇÕES PACÍFICAS
MPL É ENTREVISTADO NO PROGRAMA RODA VIVA

A semana começa com um pedido de desculpas por parte do comentarista conservador Arnaldo Jabor, logo pela manhã na rádio CBN. Seguindo a mudança generalizada da cobertura midiática frente aos protestos, ele se declara subitamente em favor do Movimento Passe Livre:

Amigos ouvintes, outro dia eu errei. Sim, errei na avaliação do primeiro dia das manifestações contra o aumento das passagens em São Paulo. Falei na TV sobre o que me pareceu um bando de irresponsáveis fazendo provocações por causa de R$ 0,20. E era muito mais que isso! Pois eu fiz um erro de avaliação e essa é a minha autocrítica. Este movimento, o Passe Livre, que começou outro dia, tinha toda a cara de anarquismo inútil e critiquei-o porque temia que tanta energia fosse gasta em bobagens quando há graves problemas a enfrentar no Brasil. (...) Hoje eu acho que o Movimento Passe Livre expandiu-se como uma força política original. Até mais rica do que os caras-pintadas justamente porque não tem um rumo e objetivo certo a priori. Como escreveu o Carlos Diegues no jornal outro dia, o movimento é importante porque talvez o mundo tenha perdido a esperança em mudanças radicais. Talvez porque a revolução tenha perdido prestígio para a mobilidade social. Talvez porque não nos sentimos mais representados por nenhuma força política. É isso! (...) Essa energia do Passe Livre tem que ser canalizada para melhorar as condições de vida do Brasil, desde o desprezo com que se trata os passageiros pobres de ônibus, passando pelo escândalo ecológico, passando pelo código penal do país que legitima a corrupção institucionalizada. Tudo está parado e essa oportunidade não pode ser perdida. De um fato pequeno, pode sair muita coisa, muito crime pode estar escondido atrás de uma bobagem. Os fatos concretos são valiosos. Exemplo: não basta lutar genericamente contra a corrupção, há que se deter em fatos singulares e exemplares, como a terrível ameaça da PEC 37, que será votada daqui uma semana na Câmara dos Deputados e que acaba com a prática do Ministério Público, que pode reverter as punições do Mensalão, que pode acabar com o processo da morte de Celso Daniel. Como os alvos concretos existem, por exemplo, descobrir por que

a Petrobras comprou uma refinaria por US$ 1 bilhão em Pasadena, no Texas, se ela só vale US$ 100 milhões. Por quê? Por que a ferrovia Norte-Sul está sendo feita há 27 anos, desde a era Sarney, e ainda quer mais 100 milhões para mais um trechinho novo? Por que o PAC não andou? Por que aeroportos, rodovias e ferrovias estão podres e sem concessões resolvidas? Por que as obras do Rio São Francisco estão secas? Por que as obras públicas custam o dobro dos orçamentos? Por que a inflação está voltando? Por que a infraestrutura do país está destruída? Por quê? E por aí vai, amigos ouvintes. Por quê? Por quê? O Passe Livre pode nos ajudar a responder essas perguntas.

Apesar de aparentemente defender o movimento, a declaração tenta descaracterizá-lo, ampliando-o para além de seus objetivos e identificando-o como "sem rumo" – afirmação colocada, aliás, como algo positivo. Com essa abordagem, o comentarista indica a dispersão da pauta reivindicada, passando da oposição concreta ao aumento da tarifa e da centralidade da questão do transporte público para uma infinidade de questões amplas e vagas, como as condições de vida da população, as questões ecológicas, uma insatisfação generalizada em relação à política e, especialmente, a corrupção.

Os jornais impressos de grande circulação, por sua vez, apresentam grande expectativa frente à manifestação prevista para o final da tarde. O quinto grande ato contra o aumento da tarifa, no entanto, é apresentado como uma espécie de "metamanifestação", que teria ganho fôlego a partir da repressão policial da última quinta-feira e de múltiplas demandas a serem levadas às ruas. O jornal *Folha de S.Paulo* indica que a atuação violenta da polícia no ato anterior contribuiu para levar ativistas às ruas, apresentando a adesão do movimento gay, de trabalhadores e mesmo de mães dos manifestantes. Sob o título de **"Polícia criou 'metamanifestação' com violência"**, o colunista Antonio Prata afirma que governo paulista transformou o movimento em um *"poderoso imã de insatisfações"*:

Se na última quinta a polícia houvesse acompanhado os manifestantes pacificamente, ou os bloqueado e tentado negociar, talvez o MPL tivesse perdido força. Talvez alguns dos participantes tivessem partido para quebra-quebra e o movimento acabaria desmoralizado perante a opinião pública. A violência da PM, contudo, criou para hoje essa metamanifestação: é o direito de ir às ruas, mais do que o preço do ônibus, o que parece motivar as 186.014 pessoas que, até a conclusão deste texto, haviam confirmado a presença no largo da Batata, pelo Facebook.

A pauta do transporte público, porém, ainda aparece de forma predominante. No mesmo texto, ao questionar, de forma lúdica, a declaração do governador Geraldo Alckmin em apoio à atuação da PM, o colunista parece defender a discussão sobre o preço do transporte:

Justificando as ações da PM, o governador Geraldo Alckmin afirmou que "a polícia tem o dever de preservar o direito de

ir e vir". **Muito acertadamente, um tuiteiro lembrou que a decoração natalina das agências bancárias da Paulista também restringe o direito de ir e vir, a cada dezembro, e ninguém jamais foi preso ou tomou tiro de borracha no rosto por causa disso. (...) Seria a discussão sobre o preço do transporte público motivo menos nobre do que as luzinhas e as renas do Papai Noel?**

Outras reportagens também repercutem, com algum destaque, a temática da tarifa. Uma análise de economistas e professores da Fundação Getúlio Vargas apresenta o valor das passagens em São Paulo como uma das mais caras do mundo, levando-se em conta o salário médio em cada localidade:

Mais realista é levar em conta o preço das passagens em minutos trabalhados, considerando, portanto, a renda média e as horas trabalhadas em cada cidade. Ao classificar os preços pelos salários, São Paulo e Rio têm as passagens mais caras. O paulistano tem que trabalhar 14 minutos para pagar uma passagem. Para o morador do Rio, são 13 minutos. São superiores aos quatro minutos dos chineses.

A cobertura dos grandes veículos aborda ainda, com alguma ênfase, a temática da violência policial. Enquanto a *Folha* apresenta um artigo bastante crítico acerca do uso de armas menos letais – indicando que, na verdade, estas podem gerar mortes e ferimentos incapacitantes –, o *Estado* aponta para a ausência do uso de balas de borracha prevista para o ato deste dia. A manchete da capa do jornal dá destaque a uma possível atenuação na atuação da polícia durante os protestos:

Protesto ganha apoio e governo descarta Choque

Secretário diz que não vai usar balas de borracha e chama líderes para diálogo no dia da quinta manifestação

Essa possível mudança de postura é entendida, pelo jornal, como uma alteração na estratégia por parte do governo e explicada, em matéria publicada no caderno *Metrópole*, como resultado de uma cisão no comando da PM. Relembrando o ocorrido no protesto anterior, outra reportagem complementa:

Após polêmica, polícia diz que vai liberar vinagre

Ironias à parte, a perspectiva de uma atuação mais tênue por parte da polícia é embasada em declarações do Secretário de Segurança Pública do Estado que, no dia anterior, afirmara:

Não vai haver necessidade de usar setores como esse (tropa de choque); temos certeza, convicção de que a manifestação ocorrerá de maneira pacífica. (...) Os paulistanos, mesmo os que não participaram do movimento, não querem que se repitam os fatos.

Além da expectativa quanto ao tamanho da manifestação agendada para esta segunda-feira, os jornais apresentam forte expectativa em relação às negociações do movimento com as autoridades. Prevista para a manhã deste mesmo dia, o *Estado* dá destaque à reunião com o governo do Estado, anterior à realização do quinto ato contra o aumento da tarifa. Na sede da Secretaria de Segurança do Estado e com a participação do Ministério Público, da Polícia Federal, de representantes da Igreja Católica, de movimentos sociais e do MPL, a reunião dura cerca de duas horas. O objetivo do governo parecia ser a negociação do trajeto da manifestação. O secretário de Segurança Pública, Fernando Grella, declara ao *Estado de S. Paulo*:

Queremos que os manifestantes exerçam seu direito de se expressar e de protestar. Também queremos assegurar a partir dessa reunião que as pessoas que trabalham, que estudam e querem voltar pra casa possam fazê-lo da melhor maneira possível. (...) Com isso, faremos um ordenamento do trânsito, com bloqueio de ruas adjacentes, de modo que a população não saia prejudicada. (...) A reunião existe exatamente para isso, para nós discutirmos em conjunto, os prós e os contras, de um ou outro trajeto. Não queremos um trajeto que anule a manifestação, mas queremos fazer ponderações.

O MPL, no entanto, afirma desconhecer previamente os motivos da reunião, e declara à *Folha de S.Paulo* que não negociará a definição do trajeto da manifestação:

A decisão do caminho da manifestação é uma decisão política nossa, nós não vamos decidir o trajeto do movimento com eles. (...) A polícia tem que garantir a segurança dos manifestantes não importa o trajeto que a gente escolha fazer.

A reunião acontece na manhã da segunda-feira e os integrantes do Passe Livre se recusam a definir previamente o trajeto, afirmando ser uma decisão política e estratégica que cabe ao movimento. Além disso, indicam que o diálogo do Estado com o movimento deveria ser feito pela pasta dos transportes, já que não se trata de uma questão de segurança pública e sim de uma reivindicação do movimento social. Ainda assim, a reunião ocorre sem grandes tensões e se limita a acertar compromissos para evitar a violência. No intuito de dar um sentido pacifista ao ato dessa segunda-feira, o secretário sugere que os manifestantes vão sem máscaras e se possível de branco, ao que os militantes do MPL sorriem. A tônica de apoio ao movimento prevalece na reunião, sobretudo por parte dos representantes da Igreja. Um coronel da PM lembra orgulhosamente que seu filho vai aos atos.

Ao final, o secretário garante que não haverá confronto e que apurará o que aconteceu nos atos anteriores. Além disso, afirma que não haverá restrição de local para a manifestação, emprego de bala de borracha ou da tropa de choque. Diz, ainda, que a manifestação será pacífica e enfatiza: *"Não queremos mais ver o que aconteceu na semana passada"*.

Após a reunião, o governador Geraldo Alckmin elogia as lideranças do movimento, a polícia militar e a segurança pública pela abertura ao diálogo. Setores do PT temem que prevaleça a imagem de que o governo do Estado, conduzido por um partido conservador, esteja à frente do governo municipal nas negociações com o movimento – a despeito do fato de que a negociação girava em torno do trajeto do protesto e não da revogação do aumento da tarifa.

Ainda nessa manhã, porém, o movimento se reúne também com o secretário do governo municipal, Antônio Donato. O encontro havia sido convocado pela prefeitura, com o objetivo de preparar a reunião do Conselho da Cidade, prevista para o dia seguinte. De maneira imprevista, no entanto, o prefeito Fernando Haddad aparece na reunião. Além de discutir a dinâmica do Conselho, o prefeito cobra posicionamento do MPL com relação à agenda do governo para os transportes, que inclui a municipalização da CIDE e o bilhete único mensal. Haddad pede a definição de uma fonte orçamentária do subsídio que reivindicam e questiona o movimento sobre sua suposta indisposição em negociar. O MPL diz que não cabe ao movimento encontrar soluções técnicas para uma demanda social e afirma que sempre esteve aberto a discutir a revogação do aumento. "Então temos um impasse". O prefeito não revogaria o aumento e o movimento não sairia das ruas.

Depois da reunião, o MPL publica a seguinte nota:

Os aumentos de tarifa não se tratam de uma questão técnica, mas política, como provam os diversos lugares em que

a pressão popular conseguiu revertê-los. Mesmo com a presença surpresa do prefeito, essa conversa não tinha o poder de negociar a revogação do aumento. O MPL vem a público reforçar a necessidade de estabelecer um espaço de negociação sobre a pauta única das manifestações – a revogação do aumento.

A pauta, clara e objetiva, é reafirmada pelo movimento na coletiva de imprensa realizada no Sindicato dos Jornalistas, ainda nesta manhã. Na coletiva, o MPL reforça que o objetivo das manifestações é a revogação do aumento da passagem. Para combater o desvirtuamento da pauta do transporte, uma de suas integrantes alerta para o foco dos protestos:

O objetivo dessas manifestações, dessa luta, desde que ela começou, é a revogação do aumento da tarifa, independentemente da amplitude que os atos tomaram, por diversas razões.

No mesmo sentido, outro integrante do movimento afirma, em entrevista ao jornal *Brasil de Fato*:

A indignação com a repressão policial é uma indignação com a repressão contra a luta das tarifas. No centro de tudo isso estão os 20 centavos, que não deixam de ser a pauta única e a mobilização como um todo. A pauta central permanece sendo os 20 centavos.

Nesse mesmo dia, ainda pela manhã, a revista *Fórum* publica estudo sobre as redes sociais realizado pela empresa Interagentes, mostrando que, na data da última manifestação, 62% dos comentários públicos no Facebook apoiavam o Movimento Passe Livre (contra 16% negativos e 22% neutros), reforçando a tese de que nas redes sociais o apoio ao movimento era massivo.

No final da tarde, o ex-presidente Lula se declara a favor das manifestações e aposta na capacidade de negociação do prefeito, publicando em sua página no Facebook:

Ninguém em sã consciência pode ser contra manifestações da sociedade civil porque a democracia não é um pacto de silêncio, mas sim a sociedade em movimentação em busca de novas conquistas. Não existe problema que não tenha solução. A única certeza é que o movimento social e as reivindicações não são coisa de polícia, mas sim de mesa de negociação. Estou seguro, se bem conheço o prefeito Fernando Haddad, que ele é um homem de negociação. Tenho certeza que dentre os manifestantes, a maioria tem disposição de ajudar a construir uma solução para o transporte urbano.

Além dele, o ex-presidente Fernando Henrique Cardoso também se pronuncia em sua página. Junto a uma foto do Movimento Diretas Já na Praça da Sé, em 1984, ele publica o seguinte texto:

Os governantes e as lideranças do país precisam atuar entendendo o porquê desses acontecimentos nas ruas.

Desqualificá-los como ação de baderneiros é grave erro. Dizer que são violentos nada resolve. Justificar a repressão é inútil: não encontra apoio no sentimento da sociedade. As razões se encontram na carestia, na má qualidade dos serviços públicos, na corrupção, no desencanto da juventude frente ao futuro.

Diante desse cenário de amplo apoio às manifestações é que se reúnem os militantes para o quinto grande ato contra o aumento da tarifa. Antes mesmo da saída do ato, previsto para as 17 horas, com concentração no Largo da Batata, em Pinheiros, aglomeram-se na região milhares de manifestantes. O evento agendado pelo Facebook, que no dia 13 contava com quase 30 mil confirmações, passa a ter, na segunda-feira, cerca de 215 mil – ou seja, 7 vezes mais do que o ato da quinta-feira e quase 20 vezes mais do que o da terça-feira anterior, que contava com cerca de 12 mil confirmados. À ampliação do apoio nas redes sociais corresponde o crescimento de manifestantes nas ruas – em uma semana, o movimento ganha uma adesão massiva que surpreende, inclusive, os organizadores.

Por volta das 18 horas, o ato tem início. Dada a dimensão da manifestação, o trajeto sugerido pelo MPL divide o grupo em dois grandes blocos: um segue pela Avenida Rebouças e Marginal Pinheiros e outro pela Avenida Faria Lima, Avenida Presidente Juscelino Kubitschek e Avenida Berrini, todas no centro financeiro da capital. Ambos os grupos encontram-se, enfim, na ponte estaiada Octávio Frias de Oliveira, símbolo do progresso da cidade, cartão-postal de São Paulo e objeto de controvérsias quando de sua construção.

Embora o instituto de pesquisa Datafolha tenha calculado a presença de 65 mil pessoas na concentração dessa segunda-feira, há, em realidade, uma enorme aglomeração em diversos pontos da cidade. Graças à dispersão no trajeto da manifestação, os vários grupos ocupam simultaneamente várias das mais importantes vias da cidade – além das já citadas, incluem-se a Avenida Brigadeiro Luís Antônio e a Avenida Paulista. Finalmente, a cidade parou.

Além da impressionante dimensão tomada pelo ato na cidade de São Paulo, durante essa noite centenas de milhares de pessoas vão às ruas em todo o país. Manifestações acontecem em mais de 30 cidades brasileiras, incluindo 13 capitais. A ampliação massiva dos protestos, porém, traz consigo ambiguidades.

Se até o último ato, na quinta-feira anterior, o que se notava era a coesão dos manifestantes em torno da pauta do aumento da tarifa dos transportes, na segunda-feira há uma conjunção de fatores e demandas que vão desde a defesa do direito de manifestação, colocada em pauta sobretudo após a forte repressão policial, até reivindicações em torno da melhoria de serviços públicos como saúde e educação, a denúncia dos gastos públicos com a realização de grandes eventos esportivos e a corrupção. Para além das palavras de ordem predominantes nos protestos anteriores – como *"vem pra rua, vem, contra o aumento!"* ou *"Mãos ao alto! R$ 3,20 é um assalto!"* –, as palavras de ordem agora repercutem também a ampliação das pautas, a exemplo do difundido grito: *"Brasil, vamos acordar, o professor vale mais do que o Neymar!"*. Além disso, há uma espécie de clima verde-amarelo, com o hino nacional ecoando diversas vezes ao longo do percurso, manifestantes envoltos em bandeiras e rostos pintados nas cores do Brasil. A ideia do gigante que acordou chega, enfim, às ruas.

Apesar do forte apoio e visibilidade dada aos protestos, o temor a essa altura é que a virada da opinião pública e a ampliação das manifestações descaracterizem a demanda do movimento. O clima, no entanto, é de euforia. O ato da segunda-feira segue pacífico ao longo de suas cinco horas de duração. A polícia está ausente: não há sequer policiais acompanhando as manifestações, como ocorre de praxe. Ao contrário dos atos anteriores, não há detenções, manifestantes feridos, cenas de depredação ou vandalismo. O grito *"Que coincidência! Não tem polícia, não tem violência!"*, bastante repetido nas ruas, reflete a sensação predominante.

Na quinta-feira, dia 13, a polícia havia sido chamada a agir com rigor pelas autoridades públicas e pelos meios de comunicação. Após reprimir duramente os manifestantes, como solicitado, a polícia foi criticada pelos seus abusos tanto pelo governo do Estado, que a proibiu de usar balas de borracha, como pela imprensa que exigiu a punição dos responsáveis. A polícia se sentiu traída e, por isso, esteve ausente na manifestação. Talvez estivesse esperando por atos de vandalismo para se mostrar necessária. Contudo, eles não acontecem. O único episódio conturbado da noite se dá quando, já ao final do ato, na chegada ao Palácio dos Bandeirantes, alguns manifestantes tentam forçar a porta de entrada da sede do governo estadual e são barrados pela polícia militar.

O *Jornal Nacional*, cobrindo ao vivo os protestos, ressalta o caráter pacífico da manifestação diversas vezes. A apresentadora Patrícia Poeta noticia que a polícia militar apenas acompanha, desarmada e à distância, o deslocamento dos manifestantes e o programa enfatiza que "o clima era outro". Termos como "multidão", "caminhada" e "ocupação de ruas" são usados para caracterizar a manifestação e dão a tônica da cobertura, sem que haja qualquer referência a vandalismo. Após a notícia de que alguns manifestantes estavam próximos à sede da TV Globo proferindo palavras de ordem contra a emissora, o Movimento Passe Livre é nomeado pela primeira vez pelo jornal em editorial:

A TV Globo vem fazendo reportagens sobre as manifestações desde o seu início e sem nada a esconder: os excessos da polícia, as reivindicações do Movimento Passe Livre, o caráter pacífico dos protestos e quando houve depredações e destruições de ônibus. É nossa obrigação e dela nós não nos afastaremos. O direito de protestar e se manifestar pacificamente é um direito dos cidadãos.

A defesa ao direito de manifestação, até então não abordado pelo *Jornal Nacional*, aparece com alguma ênfase. Os atos que acontecem simultaneamente em diversas capitais do país também são caracterizados como pacíficos, à exceção do protesto na cidade do Rio de Janeiro.

No Rio de Janeiro, a manifestação de segunda-feira também supera expectativas. Os protestos na cidade vinham ocorrendo desde o dia 10 de junho por conta do aumento no preço das passagens do transporte público de R$ 2,75 para R$ 2,95 e tiveram trajetória similar aos de São Paulo, principalmente no que diz respeito à escalada da violência policial. No primeiro ato, 31 manifestantes foram detidos, dos quais 9 eram menores de idade. No segundo ato, no dia 13 de junho, 19 pessoas foram detidas e um manifestante teve o olho gravemente ferido por bala de borracha disparada à queima-roupa. O terceiro ato, que ocorreu concomitantemente ao quinto ato em São Paulo, no dia 17, levou, como na capital paulista, mais de cem mil pessoas às ruas. Ao final, manifestantes ocuparam a Assembléia Legislativa e houve confronto com a polícia, que chegou a disparar tiros de fuzil. Um manifestante foi baleado e outros 30 foram feridos. O prejuízo calculado na sede do Legislativo foi de R$ 1,5 milhão e 29 pessoas foram detidas – inclusive um cadeirante.

A dimensão dos protestos em todo país é retratada, no mesmo dia, pelo *Jornal das Dez* da *Globo News*. O editorial de Renata Lo Prete e Merval Pereira enfatiza a dispersão da pauta:

[Lo Prete] **Hoje, a depender da praça, a gente viu misturadas a questão da tarifa, demandas por mais investimentos em saúde e educação e protestos contra ações tão diversas quanto a PEC 37, aquela proposta prestes a ser votada pelo Congresso que retira poder de investigação do Ministério Público, e contra os gastos do governo** com a Copa das Confederações e a Copa do Mundo. São manifestações populares de grande escala. Hoje, num cálculo conservador, mais de 200 mil pessoas se manifestaram, pelo menos onde as manifestações foram mais robustas: no DF e em 9 capitais, ou seja, certamente as maiores concentrações populares em protesto desde o impeachment do presidente Collor quase duas décadas atrás. Além de chamar atenção pelo porte, elas chamam atenção pelo caráter difuso, pelo menos até o momento, e esse é um dos motivos que dificultam a resposta das autoridades. Hoje também foi o dia que esse movimento ganhou caráter nacional, ele já acontecia em várias praças, mas até aqui havia uma preponderância, um protagonismo de São Paulo. Não mais. (...) Essa pauta de reivindicações nasceu na tarifa, mas não é mais única. Uma outra coisa que chama atenção é que os protestos não estão se sucedendo com a mesma tônica – se a gente pegar no início da semana passada, em São Paulo, a gente teve atos em que a tônica era quebradeira, episódios de alguma violência e um protesto em que não estava (apenas) a questão do Movimento Passe Livre. (...)

[Merval] A partir de uma gota d'água que foi o aumento dos transportes, houve um transbordamento de uma insatisfação que vinha latente. Vê-se agora, na população brasileira, várias reivindicações (que) começaram a surgir, inclusive as críticas à corrupção, que não havia antes. O Mensalão, por exemplo, teve 4 meses de julgamento e não houve nenhuma manifestação contra a corrupção.

E agora junta tudo: junta a corrupção, junta os gastos da Copa do Mundo contra gastos menores da saúde, educação, o péssimo transporte coletivo, juntou tudo e essa pauta difusa está se refletindo nas capitais do país.

No final da noite, dois integrantes do MPL são entrevistados no *Roda Vida*, da TV Cultura, um dos programas de entrevistas mais tradicionais do país, que, apesar de não ter grande audiência, tem um público bastante influente. Organizado em formato de arena, nele participam repórteres de diferentes veículos de comunicação e outros convidados, deixando os entrevistados ao centro. Os militantes do MPL, transmitindo segurança nas respostas, mantêm a defesa da pauta do transporte público coletivo com foco na revogação do aumento da tarifa. Logo de início, questionados sobre os próximos passos pelo âncora do programa, Mário Sergio Conti, afirmam:

[MILITANTE DO MPL] **Bom, a reivindicação das manifestações é bem clara: a gente está se colocando na rua contra o aumento das tarifas de ônibus. Mas o próximo passo cabe à prefeitura e ao governo do Estado dar, que é revogar esse aumento de 20 centavos e voltar o valor das tarifas para 3 reais. (...)**

[CONTI] **O que vocês estão dispostos a negociar?**

[MILITANTE DO MPL] **A gente está disposto a negociar a revogação do aumento da tarifa para 3 reais. Apenas isso.**

[CONTI] **E se o governo não baixar a tarifa?**

[Militante do MPL] **A gente vai continuar nas ruas até que eles revoguem.**

Questionados pela repórter da *TV Folha* Giuliana Valone sobre a denominação do movimento de passe livre e o objetivo de curto prazo, reafirmam a estratégia colocada pelo movimento:

[Militante do MPL] **O objetivo de curto prazo é bem claro, Giuliana, é a redução da passagem, a revogação do aumento. O movimento, de fato, defende uma pauta mais ampla, defende a tarifa zero. Ele acha que, uma vez que o transporte é essencial para garantir outros direitos e é essencial para circular pela cidade, para as pessoas se apropriarem da cidade, ele não deveria ser pago mediante tarifa. Porque enquanto existir a tarifa, na verdade, os aumentos vão vir todo ano, porque os custos aumentam todo ano. Então é uma decisão política aumentar a tarifa assim como é uma decisão política a existência da tarifa. Então o movimento politicamente defende isso, mas não é por isso que as pessoas estão na rua. As pessoas estão na rua pela revogação do aumento.**

Ainda nessa direção, Rafael Colombo, âncora da Rádio Bandeirantes, questiona os entrevistados sobre o financiamento do subsídio, indicando que a prefeitura teria que dar de 12 a 14% de seu orçamento mensal para conceder tarifa zero. Indagados sobre a disponibilidade de recursos públicos, respondem:

[Militante do MPL] **Em primeiro lugar eu acho interessante pontuar que a gente é um movimento social que luta por transporte público. A gente está cumprindo nosso papel enquanto movimento social, que é levar as pessoas para a rua, que é pautar nossa reivindicação na luta por um transporte verdadeiramente público. Acho que não cabe a nenhum movimento social apontar de onde vêm exatamente todos os custos, exatamente como se organiza o orçamento da cidade. O que a gente está pautando é uma inversão de prioridades no orçamento; então que se priorize o investimento em transporte público, e não em transporte privado como acontece hoje em dia. A gente tem uma pesquisa do IPEA, por exemplo, que aponta que no Brasil se investe 12 vezes mais em transporte privado do que em transporte coletivo. Então a gente tem que fazer um questionamento: será que não existe mesmo financiamento, será que não existe mesmo recurso? Ou será que é uma opção política que não prioriza o investimento em transporte público?**

Descrente da capacidade de mobilização do movimento e da possibilidade de haver a revogação do aumento, por fim, o coronel José Vicente Filho, do Centro de Altos Estudos da PM, questiona:

[Coronel] **O governo já sinalizou, de uma maneira muito firme, que não vai mexer na tarifa, que não vai reduzir – ou seja, essa alternativa que vocês estão pressionando para obter através dessa movimentação toda não vai ter solução. Então, vocês marcam uma nova manifestação para a Praça** da Sé. Qual é o limite que vocês vão ter para continuar esse movimento, que tenderá a se exaurir em algum momento? Vocês que têm esse ânimo todo, que estão de alguma maneira na liderança, têm um pouco mais de motivação. Mas qual é o plano B se, ao que parece é o que vai acontecer, o governo absolutamente não concordar com a reivindicação principal, que é reduzir os 20 centavos?

[MILITANTE DO MPL] **Em primeiro lugar, isso é um jogo político. O Alckmin agora deu uma declaração que, agora que a gente teve mais de 100 mil pessoas na rua, ele está disposto a receber o movimento pra conversar sobre o aumento da tarifa. Talvez essa seja uma sinalização de que, com a pressão popular, o governador está sendo obrigado a rever a posição dele, e aceitar sim a revogação do aumento. Foi assim em diversas cidades do Brasil: as manifestações populares, a população na rua, fizeram pressão e os prefeitos foram obrigados a revogar o aumento da tarifa. Então por enquanto o próximo passo é continuar pressionando até que o poder público – a prefeitura e o governo – entendam que não há outra opção que não revogar o aumento da tarifa.**

[CORONEL] **E vocês acham que têm essa força toda para atingir esse objetivo?**

[MILITANTE DO MPL] **Olha, eu não tenho dúvida. A gente teve uma manifestação hoje de mais de 100 mil pessoas, a gente ainda está tendo essa manifestação...**

[Coronel] **100 mil no Brasil, você diz?**

[Militantes do MPL] **Não. Só em São Paulo foram mais de 100 mil pessoas. A manifestação se dividiu pela Marginal, tomou a ponte estaiada, com gente na...**

[Coronel] **Mas não chegou a 100 mil, chegou?**

[Militante do MPL] **Passou de 100 mil, as informações que a gente tem é que passou de 100 mil.**

[Coronel] **Mas isso é impossível, 100 mil pessoas! Isso travaria completamente a cidade!**

18 de junho, terça-feira

PAUTA DIFUSA APARECE COM FORÇA NOS MEIOS DE COMUNICAÇÃO
MPL ANGARIA APOIO NO CONSELHO DA CIDADE
SETE PREFEITURAS ANUNCIAM REVOGAÇÃO DO AUMENTO
PRESIDENTA SE PRONUNCIA SOBRE PROTESTOS
SEXTO GRANDE ATO
PREFEITURA É DEPREDADA E OCORREM SAQUES A LOJAS
POSTURA SUSPEITA DA POLÍCIA MILITAR
ATAQUES DE MANIFESTANTES AOS MEIOS DE COMUNICAÇÃO
IMPRENSA REFORÇA DISTINÇÃO ENTRE VÂNDALOS E MANIFESTANTES PACÍFICOS

Logo de manhã, mostrando o novo tom de exaltação do espírito nacional de civismo, a polícia militar, com a linguagem que lhe é própria, publica em seu blog a seguinte nota celebrando sua própria atuação na manifestação do dia anterior:

No Palácio dos Bandeirantes, um pequeno grupo de meia dúzia de pessoas, desconectado das razões democráticas e pacifistas do movimento nacional, rebelou-se sem justificativas, tentando derrubar os portões e invadir o palácio do governo, sendo cabíveis os meios para contê-los. Até a grande parte dos manifestantes que se viu em meio

àquele tumulto condenou a ação daqueles revoltosos, conforme disseram em entrevistas do telejornalismo.

O policiamento ostensivo que acompanhava o percurso, indo à frente, era o Policiamento de Trânsito, garantindo o livramento das vias para as pessoas prosseguirem. Portanto, parabenizo a todos os policiais militares envolvidos, pela forma profissional que demonstraram no serviço executado, envolvidos em e disciplina respeito aos valores institucionais: nossa verdadeira base e essência.

Contem sempre com os nossos valorosos policiais militares.

Fiquem com Deus.

A cobertura dos jornais sobre a grande manifestação de segunda-feira é predominantemente voltada à difusão de pauta. O *Estado* busca reproduzir as diversas motivações que levaram as pessoas às ruas no dia anterior por meio de depoimentos e relatos em que expressões como "novas reivindicações", "pauta ampla" e "alta da tarifa em segundo plano" são utilizadas para caracterizar a suposta transformação nas reivindicações dos manifestantes, ainda que a questão do transporte permaneça como predominante:

O principal ponto de ligação entre os manifestantes continuou sendo o protesto contra a elevação da tarifa dos transportes. Os repórteres do Estado verificaram, porém, que aumentou o número de grupos de insatisfeitos que aderiram às manifestações, com novas demandas. A rejeição da violência policial foi uma das principais

tônicas. Os gastos do governo federal para promover a Copa do Mundo também estiveram entre os alvos. (...) O grito de guerra pela redução da tarifa de ônibus, metrô e trem – que era originalmente a pauta central – marcou presença, mas o coro foi engrossado por outras demandas como mais educação, fim da violência policial e contra todos os partidos políticos.

O jornal também exalta o caráter pacífico da manifestação, afirmando que foi a primeira vez em que não houve violência e relatando a recusa de manifestantes em aceitar "sinais de excesso":

Bandeiras brancas marcaram a manifestação de ontem à noite. Os gritos mais comuns exigiam uma marcha sem violência. E a cada sinal de excesso por parte de manifestantes mais exaltados, a massa vaiava e chiava. (...) Nem os Black Blocks (tropa de choque anarquista) encontraram voz na manifestação. O grupo havia pedido que os participantes usassem preto, mas pareceram não ter conseguido mobilizar as massas. Em vez do preto, o verde e o amarelo ganharam destaque. Muitos manifestantes usavam camisetas do Brasil, pintavam o rosto e cantavam o Hino Nacional.

Dentre várias falas de entrevistados que contam o porquê de terem ido à manifestação – alguns pela primeira vez – o jornal apresenta o depoimento de uma senhora que parece representar a virada na abordagem dos meios de comunicação e da opinião pública:

Aposentada vai às ruas apoiar manifestantes

Até quinta-feira passada, a aposentada Maria Silvia Migliori, de 61 anos, classificava como vândalos os estudantes que saíam às ruas para protestar contra o aumento do transporte público. Mas mudou de ideia quando a polícia resolveu atacar. "Tremi de raiva quando vi isso e resolvi que a única forma de pedir desculpas aos jovens era participar hoje. Estou cheia de emoção", disse.

O *Estado* anuncia o Conselho da Cidade que acontecerá durante a manhã, reafirmando a postura do MPL em só parar com as manifestações quando a tarifa voltar a R$ 3,00. Além disso, noticia a nova postura de Geraldo Alckmin:

O reajuste já foi dado abaixo da inflação, mas estamos sempre abertos ao diálogo.

A cobertura da *Folha de S.Paulo* não diverge da do jornal concorrente. A difusão de pautas dos manifestantes é colocada em destaque já na manchete da capa:

Milhares vão às ruas 'contra tudo'

As imagens que acompanham a manchete apresentam cartazes com os dizeres: *"Somos os filhos da revolução. Acredite, não é só por R$0,20"*; *"Fifa go home"*; *"Fora Dilma! Fora Cabral! PT = pilantragem e traição"* e *"Fora Alckmin"*, nenhum deles sobre o aumento da tarifa.

A diversidade de reivindicações é descrita também ao longo das matérias:

Dilma, Alckmin, Haddad, Cabral, Sarney, Feliciano, partidos políticos, corrupção, polícia, violência, saúde, educação, cotas, inflação, imprensa, Fifa, Copa do Mundo e, é claro, transporte público. As manifestações que ganharam corpo em São Paulo desde o último dia 6 contra o reajuste das tarifas de transporte tomaram o país ontem e se tornaram um enorme protesto contra tudo e contra todos. (...) Os que marcham não apresentam com grande clareza propostas do ponto de vista prático. Apenas querem um mundo melhor.

O ato é apresentado como pacífico, *"inaugurando uma nova forma de manifestação"*. Tratados como ações pontuais, os atos de violência de manifestantes que derrubaram os portões do Palácio dos Bandeirantes são atribuídos a um grupo isolado. Os protestos tomam uma grande dimensão e, ao estimar que tenham sido 65 mil manifestantes, o jornal apresenta o protesto como um fato histórico, já que não se viam tantas pessoas nas ruas desde o movimento dos caras-pintadas pelo impeachment de Fernando Collor, em 1992.

Assim como o *Estado de S.Paulo*, a *Folha de S.Paulo* procura traçar um perfil dos manifestantes na segunda-feira: segundo pesquisa da Datafolha realizada durante o ato, a maioria das pessoas teria entre 26 e 35 anos, participava pela primeira vez da manifestação (71%) e havia sido informada do ato pelo Facebook (81%). Sobre a relação com os partidos, 84% afirmaram não ter preferência partidária:

Os milhares de manifestantes que marcharam ontem nas ruas de grandes metrópoles estão divorciados dos grandes partidos políticos. Nenhuma legenda conseguiu ainda capitalizar a seu favor os protestos.

Fugindo ao discurso hegemônico do jornal, o colunista de esquerda Vladimir Safatle ataca a dispersão de pautas pela mídia, defende a especificidade da reivindicação relativa ao transporte e critica a postura do PT no trato aos manifestantes:

Você pode transformar manifestações em uma sucessão de belas fotos de jovens que querem simplesmente o "direito de se manifestar". Dessa forma, o caráter concreto e preciso de suas demandas será paulatinamente calado. O que impressiona nas manifestações contra o aumento do preço das passagens de ônibus e contra a imposição de uma lógica que transforma um transporte público de péssima qualidade em terceiro gasto das famílias é sua precisão. (...) Vários se deleitaram em ridicularizar a proposta de tarifa zero. No entanto, a ideia original não nasceu da cabeça de "grupelhos protorrevolucionários". Ela foi resultado de grupos de trabalho da própria Prefeitura de São Paulo, quando comandada pelo mesmo partido que agora está no poder. Em uma ironia maior da história, o PT ouve das

ruas a radicalidade de propostas que ele construiu, mas que não tem mais coragem de assumir. (...) Lembremos: democracia é barulho.

A mídia internacional passa a repercutir com maior destaque os protestos brasileiros. A tônica da cobertura internacional gira em torno da tentativa de compreender como um pequeno protesto surgido no contexto da cidade de São Paulo, com uma pauta considerada pontual e em alguns casos utópica, dá origem a uma ampla mobilização nacional de proporções consideráveis e pautas múltiplas. As manchetes em destaque nos principais jornais do mundo evidenciam a dimensão nacional dos protestos e a amplitude das reivindicações:

Thousands Gather for Protests in Brazil's Largest Cities
(NEW YORK TIMES)
[Milhares se reúnem para protestos nas maiores cidades do Brasil]

La crise des transports provoque un début de fronde sociale au Brésil (LE MONDE)
[Crise nos transportes provoca começo de inquietação social no Brasil]

Protests Widen as Brazilians Chide Leaders
(NEW YORK TIMES)
[Protestos se ampliam enquanto brasileiros censuram líderes]

Brasil ¿un sueño o una pesadilla? (EL PAÍS)
[Brasil: sonho ou pesadelo?]

Brazil protests catch authorities on the back foot
(THE GUARDIAN)
[Protestos brasileiros pegam as autoridades de surpresa]

Brazil's leaders caught out by mass protests (BBC)
[Líderes do Brasil são apanhados por protestos em massa]

Sweeping Protests in Brazil Pull in an Array of Grievances
(NEW YORK TIMES)
[Protestos devastadores no Brasil trazem à tona uma gama de queixas]

Os jornais tentam explicar a expansão dos protestos devido à dispersão das pautas. Os descontentamentos relatados são a descrença no sistema político, o encarecimento do custo de vida, a ampliação dos gastos públicos com a realização de grandes eventos esportivos e a má qualidade dos serviços públicos. Predomina enfim a ideia de que as manifestações começaram por conta da tarifa, mas se tornaram uma insatisfação geral contra o governo, o que aparece também nos editoriais **"Brasil protesta"** (EL PAÍS), e **"Social Awakening in Brazil"** *["Despertar social no Brasil"]* (NEW YORK TIMES).

A Organização das Nações Unidas no Brasil também faz dos acontecimentos no país um objeto de debate internacional, condenando em nota a violência nas manifestações de outras cidades do país e convocando as partes envolvidas a dialogarem:

Instamos as autoridades brasileiras a exercer a moderação ao lidar com os difundidos protestos sociais no país, convocando também os manifestantes a não recorrer a atos de violência em busca de suas demandas. Protestos durante a noite ocorreram em várias das principais cidades brasileiras. (...) Esses protestos, principalmente em relação ao aumento do custo dos transportes públicos e os custos de sediar a Copa de 2014 e as Olimpíadas do Rio em 2016, começaram no dia 10 de junho e foram os maiores já vistos no Brasil em mais de 20 anos. (...) Instamos todas as partes envolvidas a se envolver em um diálogo aberto para encontrar soluções para o conflito e as alternativas para lidar com as demandas sociais legítimas, bem como para evitar mais violência.

Ainda durante a manhã, integrantes do MPL e o prefeito participam de reunião no Conselho da Cidade, que tem como pauta central a questão da tarifa. O Conselho, criado no início da gestão, tem caráter consultivo e não deliberativo. A estratégia do prefeito é dupla: levando o debate sobre a revogação do aumento para o Conselho, evita estabelecer formalmente uma mesa de negociação e espera que os conselheiros respaldem a visão gerencialista da prefeitura e contestem o principismo do movimento.

Uma militante do movimento começa lendo uma carta na qual a importância da revogação e o apoio da população são reforçadas e o prefeito é convidado para uma reunião de negociação:

É por isso que estamos nas ruas contra o aumento das passagens. Porque o aumento agrava ainda mais o quadro de exclusão e faz com que milhares de pessoas deixem de usar o transporte público por não ter condições de pagar a tarifa. (...) Eu poderia falar de todas as nossas recentes discussões, inclusive sobre o bilhete único mensal, mas não é por isso que estamos aqui. O que assistimos nas últimas semanas é muito mais do que a manifestação de um único movimento social. (...) A população é a favor das manifestações e contra o aumento das passagens. O Movimento Passe Livre não controla essa revolta popular. Se tem uma pessoa que pode controlar essa revolta, essa pessoa é o prefeito e o governador [sic] e isso é feito baixando as tarifas de transportes. [Conselheiros aplaudem] Até o momento, o poder público tem se negado a dialogar com o movimento, virando as costas para a população que não aceita o aumento das passagens. (...) O que queremos é a redução imediata da tarifa, algo que este Conselho não tem o poder de decidir: este é um Conselho consultivo e não deliberativo. É por isso que convidamos novamente o prefeito para uma reunião nesta próxima quarta-feira, às dez da manhã, no Sindicato dos Jornalistas, uma reunião que tenha o poder de negociar o aumento. (...) Revogar o aumento das passagens não é só uma medida de reparação do aumento, da exclusão urbana pelo poder público: é também uma demonstração de respeito à vontade popular própria de um Estado democrático, em que o poder emana do povo.

Outra militante do movimento se manifesta e reitera a necessidade de se discutir a revogação por um viés político:

Ontem a gente teve um ato com cerca de 100 mil pessoas, fora os outros atos, então assim: as pessoas querem revogar o aumento, as pessoas não estão com a disposição de ficar ouvindo argumento técnico que a prefeitura tem ou não. Eu acho que o prefeito se contradiz quando fala que está querendo discutir a questão em termos políticos e não técnicos e vem com a gente com um monte de planilha, para falar o custo disso e daquilo. (...) Se tem dinheiro para construir toda uma infraestrutura para receber megaevento, para privilegiar o capital financeiro, para privilegiar diversos setores que não o povo, deve haver a mesma disposição para revogar o aumento. (...) E eu acho que a questão não é simplesmente remanejar impostos, não, o que está colocado é que os empresários do transporte têm um lucro absurdo com isso. A gente tem que tirar o lucro dos empresários. [CONSELHEIROS APLAUDEM] É daí que tem que vir a tarifa zero. Porque um direito público não deve ser encarado como fonte de lucro para ninguém – deve ser encarado como um direito.

O prefeito esperava que o movimento ficasse isolado, mas tem uma grande surpresa. Todos os conselheiros que pedem a palavra demonstram apoio ao MPL e às manifestações. Muitos ainda pedem explicitamente a revogação do aumento:

[ERMÍNIA MARICATO, PROFESSORA DA FACULDADE DE ARQUITETURA E URBANISMO DA USP]: **Saúdo essa nova geração. Meu coração está em festa. É um novo ciclo de política urbana para o país.**

[RAÍ, EX-JOGADOR DE FUTEBOL]: **Quando começou o movimento, que eu não conhecia ainda, perguntei: 'mas por 20 centavos?', depois que vi que tinha sido abaixo da inflação. Depois me atentei que defendiam o passe livre. Por que não? Pode ser possível. Esse é o maior aprendizado que todo administrador público tem que ter nesse momento.**

[VERA MASAGÃO RIBEIRO, DIRETORA-EXECUTIVA DA ASSOCIAÇÃO BRASILEIRA DE ONGS]: **Para a gente provar que de fato a democracia institucional e os espaços institucionais de participação podem dialogar e reverberar o que está acontecendo nas ruas, a gente tem que começar com a sinalização de que participar funciona. Então, vamos primeiro revogar o aumento para, depois, iniciar o diálogo.**

[GABRIEL DI PIERRO, REDE NOSSA SÃO PAULO]: **Eu queria propor a revogação ou a suspensão desse aumento para que a gente faça então a discussão para que a gente efetivamente tome uma direção. Isso é uma decisão política e o prefeito falou que faria uma decisão política quando ele se referiu** a argumentos técnicos. A decisão é política, e hoje é nos R$ 3,20. Ou diminui ou reduz, ou então os movimentos vão continuar e isso vai ser ruim para o governo.

[WAGNER GOMES, CENTRAL DE TRABALHADORES E TRABALHADO-RAS DO BRASIL]: **Segundo o planejamento de 1970, hoje nós deveríamos ter 400 km de linhas de metrô e nós temos apenas 90 km. Precisa melhorar a quantidade e a qualidade do transporte. Suspenda o reajuste e na nova licitação pegue um pedaço do bolo para financiar os R$ 0,20.**

[FREI DAVID, ONG EDUCAFRO]: **Se você leva a sério nós como conselheiros, revogue já esse aumento. Você será um exemplo para todo o Brasil.**

O secretário de transportes Jilmar Tatto e o prefeito Fernando Haddad fazem em seguida uma ampla defesa das políticas de transporte da prefeitura, apresentando o programa de metas dos transportes e destacando as propostas mais inovadoras, como o bilhete único mensal. Ao final, o prefeito avalia o impacto orçamentário da revogação do aumento das passagens. Para ele, essa revogação, na prática, não seria apenas uma volta ao valor anterior de R$3,00, mas um verdadeiro congelamento, com prazo indefinido:

Esse cenário de congelamento da tarifa em R$ 3 não é um delírio, é um exercício de como o gestor público vai ter que se preparar pra enfrentar essa nova agenda que está na rua e que a gente respeita. Se a sociedade brasileira decidir

que não vai mais pagar passagem, isso significa dizer que se meramente for congelado a passagem em três reais, em 2016, nos valores de hoje, nós vamos ter que arrumar R$ 2,7 bilhões para acomodar o sistema. (...) Se essa agenda for a agenda que nós decidimos fazer, não aumentar mais, eu não posso negar pra cidade: nós vamos ter que encontrar dentro desse orçamento espaço pra R$ 2,7 bilhões de custo, não adianta eu fugir disso. (...) Se as pessoas ajudarem a tomar uma decisão nessa direção, eu vou me subordinar à vontade das pessoas, porque eu sou o prefeito da cidade para fazer o que as pessoas querem que eu faça. (...) Quis apresentar para que ninguém tenha dúvida do que vai acontecer. Ninguém pode falar que tem dúvida do que vai acontecer. É isso que vai acontecer com a cidade: são R$ 2,7 bilhões que não adianta imaginar. Vai ter que sair de algum lugar, de alguma outra área para ir para o transporte. Ou aumenta a arrecadação ou aumentar a desoneração ou espreme o empresário. De algum lugar, vai ter que sair esses R$ 2,7 bilhões. (...) Agora eu tenho responsabilidades e eu vou honrá-las. Então nós vamos para o debate. Eu queria que a imprensa registrasse o que está acontecendo. Aqui ninguém está omitindo informação. Ninguém vai escamotear número nenhum. Vamos abrir os dados, vamos abrir o orçamento na política. Eu não vou fazer isso na técnica como estão falando. Número é número, mas é política também. E nós vamos discutir na política o que nós vamos fazer com a nossa cidade e nós vamos ajudar a cidade a tomar a melhor decisão. Nós não vamos fugir desse debate. Esse debate nós queremos, mas eu não vou omitir da cidade absolutamente nada. Quanto a isso, vocês podem ter certeza. Não virá de mim uma postura de esconder da cidade as consequências de qualquer decisão que ela tome. Obrigado a vocês.

O prefeito sai da reunião do Conselho deixando uma mensagem ambígua: a de que está considerando revogar o aumento, mas que é contrário a ele e que deixará claro à população que a revogação terá custos para a cidade. Logo em seguida à reunião do Conselho, o MPL solta a seguinte nota, apresentando sua avaliação:

Hoje, no Conselho da Cidade, o Prefeito Fernando Haddad se comprometeu com o MPL a marcar ainda essa semana uma reunião cuja pauta única é a revogação da tarifa. Não aceitaremos nada menos que a queda dos 20 centavos. Mesmo assim o prefeito insiste em dizer que baixar a tarifa é tirar dinheiro da educação e saúde. Isso não é verdade. Basta diminuir o enorme lucro dos empresários. (...) Os atos convocados pelo Movimento Passe Livre de São Paulo continuarão a ter reivindicação central muito clara e concreta: a revogação imediata do aumento!

Nesse mesmo dia, as tarifas de transporte público são baixadas em Cuiabá, João Pessoa, Pelotas, Montes Claros, Foz do Iguaçu, Porto Alegre e Recife. No Rio de Janeiro, o prefeito Eduardo Paes admite em entrevista à TV Globo que a qualidade do transporte é ruim e elogia a mobilização popular, mas afirma não poder revogar o aumento.

Já no começo da tarde, no Palácio do Planalto, a presidenta Dilma Rousseff se pronuncia sobre os protestos pela primeira vez:

Senhoras e senhores,
O Brasil hoje acordou mais forte. A grandeza das manifestações de ontem comprovam a energia da nossa democracia, a força da voz da rua e o civismo da nossa população. É bom ver tantos jovens e adultos – o neto, o pai, o avô – juntos com a bandeira do Brasil, cantando o hino nacional e dizendo com orgulho "eu sou brasileiro" e defendendo um país melhor. O Brasil tem orgulho deles. Devemos louvar o caráter pacífico dos atos de ontem. O caráter pacífico dos atos de ontem evidenciou também o correto tratamento dado pela Segurança Pública à livre manifestação popular, convivendo pacificamente. Infelizmente, porém, é verdade, aconteceram atos minoritários de violência contra pessoas, contra o patrimônio público e privado, que devemos condenar e coibir com rigor. Sabemos, governo e sociedade, que toda a violência é destrutiva, lamentável e só gera mais violência. Não podemos aceitar jamais conviver com ela. Isso, no entanto, não ofusca o espírito pacífico das pessoas democraticamente pedindo pelos seus direitos. Essas vozes das ruas precisam ser ouvidas. Elas ultrapassam, e ficou visível isso, os mecanismos tradicionais das instituições, dos partidos políticos, das entidades de classe e da própria mídia. Os que foram ontem às ruas deram uma mensagem direta ao conjunto da sociedade,

sobretudo aos governantes de todas as instâncias. Essa mensagem direta das ruas é por mais cidadania, por melhores escolas, melhores hospitais, postos de saúde, pelo direito à participação. Essa mensagem direta das ruas mostra a exigência de transporte público de qualidade e a preço justo. Essa mensagem direta das ruas é pelo direito de influir nas decisões de todos os governos, do Legislativo e do Judiciário. Essa mensagem direta das ruas é de repúdio à corrupção e ao uso indevido do dinheiro público. Essa mensagem direta das ruas comprova o valor intrínseco da democracia, da participação dos cidadãos em busca de seus direitos. E eu queria dizer aos senhores, a minha geração sabe o quanto isso nos custou. Eu vi ontem um cartaz muito interessante que dizia "desculpe o transtorno, estamos mudando o país". Eu quero dizer que o meu governo está ouvindo essas vozes pela mudança. O meu governo está empenhado e comprometido com a transformação social. A começar pela elevação de 40 milhões de pessoas à classe média, com o fim da miséria. O meu governo, que quer ampliar o acesso à educação e à saúde, compreende que as exigências da população mudam. Mudam quando nós mudamos também o Brasil, porque incluímos, porque elevamos a renda, porque ampliamos o acesso ao emprego, porque demos acesso a mais pessoas à educação. Surgiram cidadãos que querem mais e que têm direito a mais. Sim, todos nós estamos diante de novos desafios. Quem foi ontem às ruas quer mais. As vozes das ruas querem mais cidadania, mais saúde, mais educação, mais transporte, mais oportunidades. Eu quero aqui garantir a vocês que o meu governo também quer mais, e que nós vamos conseguir mais para o nosso país e para o nosso povo.

Muito obrigada.

Um pouco mais tarde, o presidenciável Aécio Neves também faz um pronunciamento à imprensa após atividade na Câmara dos Deputados:

Hoje já há um sentimento claro de que o Brasil precisa de um novo rumo, de um novo direcionamento. Eu concordo com o presidente Fernando Henrique que esse movimento que ocorre em todo o Brasil não pode e não deve ser apropriado por ninguém. É um movimento difuso que encontra numa certa insatisfação generalizada o seu motor. (...) Essa geração ou boa parte dessa geração que foi às ruas sequer era nascida no impeachment de Collor. É a primeira oportunidade que estão tendo e por isso têm que ser respeitados. Mas o que fica disso tudo é uma clareza maior em relação às dificuldades que o Brasil vive, no custo de vida com o retorno da inflação, na educação de baixíssima qualidade, no transporte público que não avançou absolutamente nada nos últimos anos, na saúde trágica, um conjunto de indicadores que preocupam fundamentalmente aqueles que vivem com maiores dificuldades.

Na Câmara Municipal de São Paulo, os vereadores debatem os protestos durante quase toda a sessão. Muitos deles – principalmente os que na semana anterior haviam criticado o MPL - tecem elogios à manifestação do dia anterior. O discurso segundo o qual a revogação do aumento da tarifa teria sido apenas o estopim para a expressão de outras insatisfações dá a tônica de diversas falas:

[ORLANDO SILVA, PCDOB]: **Inicialmente foi a juventude, mas hoje toda a cidade de São Paulo se colocou em movimento em torno de um conjunto de bandeiras, de reivindicações que envolvem direitos. São apelos pela qualidade da educação, da saúde, do transporte, da habitação, e essas manifestações se constituem em aulas de cidadania.**

[JULIANA CARDOZO, PT]: **Hoje, verificamos que a ida para as ruas acabou se organizando em vários sentimentos: de luta, de manifestação, de se ter liberdade de expressão e de viver numa democracia.**

[MARIO COVAS NETO, PSDB]: **Parece-me que as manifestações têm um cunho político mais abrangente. Acho que o valor da tarifa é apenas um estopim, um motivo pelo qual as pessoas tomaram a iniciativa de ir às ruas para desabafar o seu descontentamento. O motivo pode ser descontentamento político, descontentamento com a atividade política. Enfim, seja o que for, a tarifa é apenas um dos motivos.**

[SR. NATALINI, PV]: **Os 20 centavos não foram o centro da manifestação. O centro daquela manifestação com mais de cem mil pessoas, uma multidão difícil de se ver em**

São Paulo, gritando palavras de ordem pela moralidade pública, contra o fisiologismo, contra a decadência corrupta da política brasileira. Foi isso que levou todo aquele povo para as ruas. (...) Não adianta disfarçar que é a passagem, não. O povo quer uma nova política. Na internet tem um abaixo-assinado, que já está com 250 mil assinaturas, pedindo impeachment da Dilma. A cada dois segundos alguém assina. Pode conferir na internet. Pode ser algo que veio de uma maneira atabalhoada, mas é o termômetro de um sentimento popular que está na rua, está no coração do povo. Se não soubermos lidar com isso seremos varridos da face da política brasileira, os partidos inclusive, que estão apartados desse movimento. Essa é a verdade.

[SR. ALFREDINHO, PT]: **Na semana passada, cheguei a usar este microfone até para rebater críticas de alguns senhores vereadores a respeito das manifestações. Na ocasião, disse que as pessoas que estavam nas ruas para quebrar e incendiar ônibus e depredar o patrimônio público eram arruaceiras e não tinham de ser levadas em conta, mas que na manifestação havia muitas pessoas sérias que estavam e estão lutando por um ideal: o debate sobre o transporte público no Brasil. Mas não se trata somente de um debate sobre o transporte público. As manifestações abordam diversos temas.**

[EDUARDO TUMA, PSDB]: **As manifestações públicas, que causam impacto urbano, como congestionamentos, devem** ser consideradas como legítima defesa dos seus próprios direitos, dos nossos direitos como cidadãos brasileiros. (...) A questão não é apenas a redução do valor de 20 centavos. Essa manifestação ganhou outra proporção e o paulistano que está indo hoje às ruas pede muito mais do que isso, pede dignidade. (...) Para finalizar, Sr. Presidente, gostaria de agradecer os apartes e dizer: a luta continua, companheiros.

[Souza Santos, PSD]: **Sr. Presidente, caros colegas, a chapa esquentou. Fala-se muito isso, hoje, nas redes sociais. Senhores, não é apenas por causa de vinte centavos de aumento nas tarifas dos ônibus. Absolutamente. (...) Cabe uma referência à música do Grupo Rapa, em que seu vocalista, o Falcão, entoa de forma entusiasmada: "Ô, vem pra rua, porque a rua é a maior arquibancada do Brasil". Pois bem, amigos que nos acompanham de casa, mas não é a arquibancada dos torcedores de time de futebol que temos de admirar; o que merece elogios é a arquibancada que torce e vibra por um país melhor, que não dura apenas o mês da Copa, mas perdura pelas próximas gerações. Somos torcedores do Brasil, sim, do país, da nossa nação, e não somente de um time de futebol.**

Um dos poucos vereadores a denunciar a transformação drástica na postura dos colegas é Toninho Vespoli, do PSOL, que começa sua exposição mostrando manchetes de notícias da semana anterior:

Contra tarifa, manifestantes vandalizam centro e Paulista

Governo de São Paulo diz que será mais duro contra o vandalismo

Maior protesto contra tarifa tem bombas e depredação

(...) Até esse momento, houve uma criminalização do movimento social. Em todo o momento, vim aqui para dizer que a grande maioria estava fazendo um protesto pacífico, que ninguém estava depredando nada – existem minorias em várias manifestações, inclusive em campanhas eleitorais. Lembro-me de que estávamos na Praça da Sé, e algumas pessoas também faziam algum tipo de depredação ao patrimônio. Isso não é exclusivo desse movimento, e é uma minoria que fez isso. A mídia teve um papel muito ruim, que foi o de ajudar a criminalizar o movimento social. Inclusive vários vereadores desta casa. Ou será que as pessoas são hipócritas de tal jeito que, na semana passada, falaram uma coisa e, agora, falam outra? Vocês acham que as pessoas que estão assistindo pela televisão não têm memória sobre o discurso dos vereadores e, agora, o discurso desta semana? E sobre a truculência da polícia? Quero deixar muito bem claro que, quando falo em polícia, não estou falando do servidor policial, pois este obedece a ordens e, muitas vezes, ele não está de acordo com elas, mas é obrigado a segui-las. Não estou aqui criticando o policial. Estou criticando a instituição. Estou criticando o governador de São Paulo, que dá o comando. Ele é o responsável por todas as atrocidades que aconteceram e não o policial como indivíduo. Então, depois que aconteceu aquilo, a Folha de S.Paulo e outros meios de comunicação mudam totalmente sua linha, querendo agora colocar a culpa nos policiais. Nós do PSOL não vamos criminalizar os policiais, mas as pessoas que têm o poder, que dão voz de comando para os policiais agirem. (...) A prova viva do que estou dizendo são as frases proferidas pelos estudantes durante a manifestação de ontem: "Que coincidência! Não tem polícia, não tem violência". Como matemático, não acredito em coincidência. A explicação é que todas as vezes que houve violência, isso se deveu a um comando que operou para haver violência e descaracterizar o movimento.

A essa manifestação, o coronel Telhada, ex-comandante geral da ROTA – força de elite da polícia militar, muito conhecida pelo excesso do uso de violência –, responde:

Nobre Vereador Toninho Vespoli, primeiramente parabenizo vossa excelência, pois, durante todo o tempo, manteve uma atitude coerente, com uma meta nas suas propostas. Vossa excelência tem um ponto de vista e o respeito muito por causa disso. Vários vereadores aqui se manifestaram contra os movimentos que aconteceram em São Paulo. (...) Ao final dessas manifestações, houve mais de 250 ônibus depredados e o patrimônio público destruído. Todos pediam uma ação da polícia. Finalmente ocorreu um confronto, que há muito já havia sendo tentado por uma parte, mas não todos os manifestantes. (...) Como houve inúmeras depredações e pessoas feridas, como já foi dito, a polícia militar teve de reagir. Vi muitas pessoas elogiando ontem, dando parabéns, dizendo: "Segunda-feira, a manifestação foi tão tranquila". Foi tranquila por causa da polícia militar, porque se ela não tivesse tomado postura na quinta-feira, nesse mesmo dia (segunda-feira) teria havido novamente todo o problema de depredação. (...) A polícia militar é culpada pela violência e as pessoas que estavam promovendo todas aquelas desordens passaram a ser vítimas. Notem que ontem, quando não houve nenhum tipo de violência por parte de manifestantes, a Polícia manteve a ordem no local. Infelizmente no final do dia, acabou havendo um problema sério no Palácio dos Bandeirantes, onde algumas pessoas novamente, querendo manchar todo esse movimento, atacaram com bombas e pedras policiais, tentando forçar a entrada. (...) Eu, como vereador e como policial militar, deixo bem claro uma coisa: a polícia militar é legalista, independente se o governo for do PSDB ou do PT. Se ousassem invadir a Prefeitura, a Polícia Militar estaria lá, para defender o nosso prefeito, Sr. Fernando Haddad, do PT, mas a polícia militar não tem partido, a polícia militar é legalista.

O vereador Conte Lopes, também ex-policial militar da ROTA, se manifesta no mesmo sentido:

O povo entende errado a polícia. Ele não vê que a ordem pode vir do Palácio do Governo; não vê que a ordem pode vir do secretário, que pode determinar à polícia militar que não deixe a manifestação entrar na Avenida Paulista, e a polícia não deixa mesmo. Essa é a diferença entre a polícia militar e o resto: ela cumpre ordens. Tanto é que até hoje não acabaram com ela. (...) O que me causa espanto é que quem deu ordens para a polícia agir, na quinta-feira – como comentou o nobre vereador Reis –, não está mais aqui. O senhor secretário fala como se não tivesse acontecido nada. O senhor secretário não deu ordens, foi a polícia que agiu, que bateu em todo mundo na quinta-feira e deu tiro no rosto do jornalista. Foi a polícia. Não foi o senhor governador que deu ordens, que falou em vândalos violentos, na terça e na quarta-feira, e a polícia agiu na quinta-feira. Fez isso porque mandaram agir. Volto a repetir: enquanto não mudar a hierarquia e a disciplina, a polícia militar age assim mesmo. Mandam cumprir ordens e ela cumpre. (...) Até quando isso vai? Até quando precisarem da polícia de novo. "Mandem a polícia de novo."

Enquanto a Câmara Municipal está em sessão, o prefeito faz duas reuniões: uma com a presidenta Dilma, o publicitário João Santana, o presidente do PT Rui Falcão e o ministro Aloizio Mercadante e, outra, mais tarde, com Dilma e Lula. Nas duas, discute a melhor forma de responder à crise. Essa série de reuniões faz com que o prefeito esteja ausente da prefeitura e da sala de situação nas horas seguintes.

No final do dia tem início o sexto grande ato contra o aumento da tarifa, com concentração na Praça da Sé, na região central da cidade. O MPL pretendia conduzir os manifestantes até a Avenida do Estado e, de lá, à Marginal Tietê, principal via expressa da cidade; no entanto, não é possível conter as 50 mil pessoas que, sem que se pudesse entender o porquê, se dirigem à Praça Ramos, em frente à Prefeitura.

A manifestação, então, se divide em duas. O primeiro grupo se concentra na prefeitura, onde poucas pessoas tentam invadir o prédio. Manifestantes tentam detê-los e alguns são até agredidos. A Guarda Civil Metropolitana (força de segurança municipal, sem poder de polícia) fica acuada dentro do prédio. O segundo grupo se dirige à Avenida Paulista. A avenida está, mais uma vez, tomada. A bandeira do Brasil é projetada na fachada do prédio da Federação das Indústrias de São Paulo (Fiesp), que no dia seguinte sediaria um encontro entre seu presidente, Paulo Skaf, e militares da Escola de Comando e Estado-maior do Exército.

Nos arredores da prefeitura a situação é de descontrole: lojas são saqueadas, edifícios são depredados e, por fim, um veículo da emissora Record estacionado em frente ao prédio é incendiado. No interior da prefeitura, funcionários e assessores do prefeito chegam a se armar e erguer barricadas. Assessores do prefeito ligam para integrantes do MPL pedindo para controlarem a multidão. O MPL informa que agiu para tirar os manifestantes dali e que não estava promovendo a tentativa de invasão. A prefeitura se convence de que a situação saiu do controle do movimento e aciona a polícia militar, que não vem. Pelo centro, não se vê viaturas policiais para coibir a violência, o que gera apreensão na prefeitura e estranhamento nos meios de comunicação. O portal Terra noticia o caso da seguinte forma:

Sem polícia nas ruas, vândalos depredam centro de SP após ato

Depois de quase três horas, finalmente a polícia aparece e faz detenções na região central. Ela está novamente autorizada a agir. A demora da ação da polícia militar gera questionamentos pela segunda vez no ano. Em maio, na primeira Virada Cultural da gestão Haddad – evento que oferece 24 horas de atrações culturais gratuitas no centro – a atuação da PM já tinha causado controvérsia, pois ela pareceu ter negligenciado o combate aos assaltos e arrastões. Duas semanas antes do evento, o prefeito havia transferido para o período noturno quase metade das vagas para a Operação Delegada, convênio estabelecido com o governo do estado para viabilizar a contratação de policiais militares em períodos de folga que representava para eles significativo complemento salarial. Os policiais não gostaram das vagas estarem disponíveis no período noturno. Levantou-se a hipótese de que a PM não teria coibido os episódios de violência na Virada Cultural com o propósito de punir a prefeitura.

Na manifestação dessa terça-feira, a negligência da PM frente aos atos de depredação da prefeitura é novamente colocada em pauta. Dessa vez, porém, não se trata apenas do atrito gerado pela diminuição no emprego de policiais na Operação Delegada. Na quarta e quinta-feira anteriores, os meios de comunicação e o governo estadual tinham recorrido à polícia militar, pedindo por mais rigor na repressão aos protestos. Após a manifestação do dia 13, no entanto, a responsabilidade pelos abusos recai exclusivamente sobre a corporação. A PM se sente traída, como admitem coronel Telhada e Conte Lopes na Câmara Municipal, poucas horas antes.

Durante todo o ato, o gabinete do prefeito acompanha os protestos da sala de situação e sua equipe de comunicação produz quatro informes parciais que retratam como estão os ataques à prefeitura:

Informe de situação – 20h45:
Houve tentativa de invasão pelo saguão do terceiro andar (Viaduto do Chá) e vidros foram quebrados. Há também tentativa de invasão pelo segundo andar (Rua Dr. Falcão).

Informe de situação – 21h30:
O prédio da prefeitura permanece fechado após as tentativas de invasão. Um dos GCMs que ficou ferido foi atendido no posto médico da prefeitura e levou 9 pontos na cabeça. O outro teve uma contusão no rosto. A segurança interna do edifício está sob responsabilidade da Guarda Civil Metropolitana. Por volta das 20 horas, quando a situação se tornou mais crítica, a polícia militar foi acionada.

Informe de situação – 22h:
A prefeitura recebeu relato de uma tentativa de invasão ao Teatro Municipal e todas as entradas foram fechadas. Os vitrais na fachada foram pichados. Ainda não é possível avaliar a extensão dos danos ao edifício. Cerca de 300 pessoas estão dentro da sala de espetáculo, onde ocorreu a última resta da ópera Rake's Progress, com previsão de término às 22h30.

Informe final – 23h30:
A saída do prédio da prefeitura foi liberada para os servidores por volta das 22h30, com o restabelecimento da segurança na região da Praça do Patriarca, Viaduto do Chá e estação Anhangabaú do metrô. O prefeito Fernando Haddad cancelou sua viagem a Brasília nesta quarta-feira (19) e concederá entrevista coletiva às 10h30.

O *Jornal Nacional* faz cobertura ao vivo do protesto. A distinção entre os manifestantes pacíficos e os vândalos é intensamente reforçada enquanto os apresentadores noticiam o tumulto provocado, segundo eles, por uma minoria mais exaltada: a reportagem fala sobre a divergência entre os manifestantes que queriam invadir e os que procuravam contê-los, pedindo paz e levantando um pano branco. Na parte pacífica do ato, segundo o jornal, a polícia militar acompanhava tudo de perto sem intervir. Já sobre o ataque ao veículo da Record, o apresentador William Bonner, exaltado, comenta:

Agora há pouco, em São Paulo, nesse protesto que ainda está ocorrendo na cidade e numa atitude lamentável, um grupo pôs fogo num caminhão de transmissões da Rede Record de televisão, prejudicando o trabalho da imprensa, que nos últimos dias não tem feito outra coisa senão levar ao público as imagens dos protestos e as reivindicações dos manifestantes.

A própria Rede Record solta, em seguida, uma nota sobre o acontecimento:

A Rede Record de Televisão vem a público informar que todos os profissionais que trabalhavam na transmissão ao vivo das manifestações em São Paulo escaparam ilesos do incêndio no caminhão usado para a captação de imagens. (...) A grande maioria dos manifestantes já tinha deixado o local em passeata. Por isso, a Record tem a certeza de que foi atacada por uma minoria de vândalos. (...) A Record reafirma o seu compromisso de transmitir com fidelidade o protesto pacífico de milhares de pessoas nas ruas brasileiras e lamenta apenas que pequenos grupos tentem impor as suas ideias pela violência.

A distinção entre vândalos e manifestantes e a dispersão de pauta são as características mais enfatizadas na cobertura das manifestações nos meios de comunicação. O *Jornal Nacional* recupera imagens do ato do dia anterior e reforça seu caráter pacífico, afirmando que enquanto pessoas apoiavam a manifestação pelas janelas com lençóis brancos pendurados e alguns manifestantes se sentavam junto à PM, um grupo muito menor tentou invadir o Palácio. Para corroborar essa distinção, o jornal traz o depoimento de um soldado da polícia militar:

Você percebe que tem um grupo pacífico, a grande maioria, mas tem um grupo pequeno de arruaceiros, de baderneiros. Esse grupo tentou entrar e a gente não pode permitir isso.

Dois depoimentos da manifestação de segunda-feira veiculados pelo *Jornal Nacional* são emblemáticos: em um, o motorista diz que não se incomoda com o agravamento do trânsito enquanto a manifestação for pacífica; em outro, um manifestante critica governo, taxas, juros, impostos, corrupção e o aumento. A pauta sai definitivamente do âmbito exclusivo do transporte por meio da análise de um cientista político:

Para ele, foi a repressão policial da semana passada que aumentou a participação da população e fez o movimento ir além da discussão sobre o preço da tarifa. [FERNANDO ABRUCIO, FGV]**: Claro que há vândalos e outros baderneiros por aí afora, mas estes são uma ínfima minoria. Os movimentos contemplam grupos dos mais distintos possíveis, grupos que têm uma tonalidade mais à esquerda, outros mais à direita, mas o que eles defendem é a liberdade de expressão irrestrita, sem repressão policial.**

O programa *Profissão Repórter* também cobre os protestos, mostrando a hostilidade a bandeiras e à mídia, e diz ter descoberto o que querem os manifestantes: *"corrupção, roubo, impunidade: 20 centavos foi só o estopim"*.

19 de junho, quarta-feira

IMPRENSA REPERCUTE CAOS DA NOITE ANTERIOR E AUSÊNCIA DA POLÍCIA
HADDAD CONVOCA COLETIVA: NÃO HAVERÁ REVOGAÇÃO
JOGO POLÍTICO NOS GABINETES DE SÃO PAULO E RIO DE JANEIRO
ALCKMIN E HADDAD ANUNCIAM REVOGAÇÃO DO AUMENTO

Na manhã do dia 19 a imprensa mantém a tônica da dispersão de pauta nas manifestações. Em editorial intitulado **"Vontade de falar"**, o *Estado de S.Paulo* evoca o clima de mobilização dos últimos dias e aponta para múltiplas e vagas insatisfações:

Deu uma vontade de falar que não se sabe como, quando ou se será aplacada: contra os padecimentos que o Estado impõe ao povo com os seus serviços de terceira e indiferença de primeira, a começar da saúde e educação públicas; contra os políticos e autoridades em geral que só cuidam dos seus interesses e são tidos como corruptos

por definição; contra a selvageria do cotidiano por toda parte; contra a truculência das PMs; contra a lambança dos gastos com a Copa, que pegou de surpresa a cartolagem e seus parceiros no governo federal - e tudo o mais que se queira denunciar. (...) Entre a quarta-feira passada e a noite da última segunda, 79 milhões de mensagens sobre as marchas foram trocadas pelos internautas. O senso de autocongratulação – "a juventude acordou" – e a natureza difusa de suas queixas combinam-se para dificultar a discussão de pautas específicas de mudança em eventuais encontros com agentes públicos. Como se diz, faz parte: o protesto precede à proposta. O lado bom das jornadas dos últimos dias, além do caráter em geral pacífico das manifestações, foi a preocupação com o país. "Parem de falar que é pela passagem", comentou um jovem. "É por um Brasil melhor."

A *Folha de S.Paulo* traz também editorial sobre o assunto, cujo nome é **"Incógnita nas ruas"**. Desta vez, no entanto, atribui a violência a grupos minoritários, defende a atuação apaziguadora da polícia após os excessos da última semana e, em especial, chama atenção para a ampliação das reivindicações:

"Não são só 20 centavos" foi uma das palavras de ordem da passeata de segunda-feira em São Paulo. De fato, eram muitas as bandeiras: de críticas aos gastos com a Copa à defesa de investigações pelo Ministério Público, passando por vagos pedidos por "mais direitos". (...) A fluidez e a

desorganização dos protestos tornam sua pauta caleidoscópica, multifacetada e cambiante. Essa é a sua força, e também sua vulnerabilidade. Em primeiro lugar, a ausência de uma voz unificada torna a interlocução com o poder público muito difícil. Depois, a direção fragmentada abre inúmeras oportunidades para a ação de grupos arruaceiros. A falta de foco, por fim, tende a multiplicar as demandas, o que também serve para diluí-las. (...) Ninguém esperava que transcorresse assim, mas tal é a forma que assumiu a tantas vezes prognosticada insatisfação das classes médias com o que há de disfuncional no Estado brasileiro, após dez anos de PT no governo federal e quase duas décadas de PSDB no comando do principal Estado do país. Como na marcha de muitas cabeças em São Paulo, é difícil prever onde esse caudal irá desembocar. Nem os manifestantes sabem.

No mesmo sentido, mas em tom irônico, o colunista Antonio Prata apresenta sua versão das manifestações:

A passeata

Tinha punk de moicano e playboy de mocassim. Patricinha de olho azul e rasta de olho vermelho. Tinha uns barbudos do PCO exigindo que se reestatize o que foi privatizado e engomados à la Tea Party sonhando com a privatização de todo o resto. Tinha quem realmente se estrepa com esses 20 centavos e neguinho que não rela a barriga numa catraca de ônibus desde os tempos da

CMTC. (...) Ficou claro (no programa Roda Viva) que, embora inteligentes e bem articulados, eles (integrantes do MPL) tampouco compreendem onde é que foram amarrar seus burros. "Vocês começaram com uma canoa e tão aí com uma arca de Noé", observou o coronel José Vicente. Os dois insistiram que não, o que há é um canoão, e as mais de 200 mil pessoas que saíram às ruas no Brasil, segunda-feira, lutavam por transporte público mais barato e eficiente. A posição dos ativistas de não se colocarem como os catalisadores de todas as angústias nacionais e seguirem batendo na tecla do transporte só os enobrece – mas estarão certos na percepção? Duzentas mil pessoas de esquerda, de direita, de Nike e de coturno por causa da tarifa? "Por que você tá aqui no protesto?", perguntou a repórter do TV Folha a uma garota na manifestação do dia 11: "Olha, eu não consigo imaginar uma razão para não estar aqui, na verdade", foi sua resposta. Corrupção, impunidade, a PEC 37, o aumento dos homicídios, os gastos com os estádios para a Copa, nosso IDH, a qualidade das escolas e hospitais públicos são todos excelentes motivos para que se saia às ruas e se tente melhorar o país – mas já o eram duas semanas atrás: por que não havia passeatas? Será porque a chegada do PT ao poder anestesiou os movimentos sociais, dificultando a percepção de que o Brasil vem melhorando, melhorando, melhorando e... continua péssimo? Ou será porque agora o Facebook e o Twitter facilitam a comunicação?

As manchetes de ambos os jornais colocam em pauta a violência que marcou a noite anterior, com destaque para a tentativa de invasão à prefeitura:

Manifestantes tentam invadir prefeitura; SP tem noite de caos

Ato em SP tem ataque à prefeitura, saque e vandalismo; PM tarda a agir

Diante do relato dos inúmeros atos de vandalismo no centro da cidade, a demora na reação da polícia militar é questionada. A *Folha de S.Paulo* traz duas versões do ocorrido, explicitadas nas manchetes:

PM diz que não agiu porque não foi chamada pela gestão Haddad

Demora foi para evitar confronto, diz PM

A alegação primeira é a de que a polícia, apesar de estar de prontidão, não foi acionada pela prefeitura e que a responsabilidade pela proteção de prédios públicos municipais é da Guarda Civil Metropolitana, que estava no local. De acordo com a segunda versão, concedida pela própria PM, a alegação é de que a polícia não teria agido para evitar confrontos:

A Secretaria de Estado da Segurança Pública disse que a polícia demorou a agir na tentativa de invasão

da prefeitura para evitar confrontos que pudessem ferir manifestantes que não tinham relação com a depredação. (...) Para especialistas, a polícia militar deveria ter agido antes. A tropa de choque, que estava de prontidão desde as 16h, só foi para a rua às 22h, quase três horas após a depredação da prefeitura, o incêndio na van da TV Record e os saques nas lojas. "A polícia não pode ficar inerte ao saber de distúrbios", disse o advogado Theodomiro Dias Neto, professor da Fundação Getúlio Vargas. O problema, diz, é que a PM foi encurralada por críticas do prefeito Fernando Haddad (PT) e da mídia. "A polícia está sendo vítima da falta de orientação das autoridades. Estamos num vácuo de autoridades. Ninguém quer ficar mal com os manifestantes", afirmou.

A discussão do tema sobre o transporte e a revogação do aumento da tarifa, que inicialmente foi considerada inviável, entra definitivamente em pauta. A *Folha* noticia a redução do valor da tarifa em cinco cidades do país: Cuiabá, Recife, João Pessoa, Caxias do Sul e Porto Alegre. A justificativa dada pelo jornal para a redução é a folga orçamentária gerada pela isenção do PIS/Pasep e Cofins concedida pelo governo federal. Essa isenção já tinha sido incorporada em São Paulo no aumento das passagens abaixo da inflação. Apesar disso, a matéria indica que a redução nessas cidades ocorreu *"após protestos"*. Ao tratar do caso paulistano, o jornal afirma que **"Haddad agora admite rever tarifa de ônibus"**:

"Se as pessoas me ajudarem a tomar uma decisão nessa direção [redução da tarifa], eu vou me subordinar à vontade das pessoas porque eu sou prefeito da cidade", disse Haddad, em reunião do Conselho da Cidade com líderes do Movimento Passe Livre, antes dos novos atos.

Segundo a imprensa, a possibilidade da revogação do aumento vislumbrada pelo prefeito não é cogitada pelo governo estadual. O *Estado de S.Paulo* noticia:

Preocupado, Alckmin deixa de ir à festa do PSDB – Governador ficou na capital para acompanhar manifestações; avaliação no governo é de que redução de tarifas é pouco provável.

Pela manhã, o prefeito marca uma reunião com o Conselho Político composto pelos secretários mais próximos com os quais toma as principais decisões de governo. Na reunião, muitos argumentos contribuem para a decisão de revogar o aumento: setores do PT (inclusive a presidenta Dilma e o ex-presidente Lula) acham que é preciso evitar um desgaste político maior; o Conselho da Cidade dá apoio explícito ao movimento; a prefeitura acredita também que tanto a polícia como os manifestantes estão fora de controle e que situações de violência como a da noite anterior podem se repetir e ampliar; por fim, há o sentimento inequívoco de que a campanha pela revogação do aumento tinha conquistado um apoio popular muito amplo.

Apesar disso, o prefeito mantém o entendimento de que havia concedido um grande benefício à população pelo fato de o preço da passagem ter sido reajustado apenas em junho, com valor abaixo da inflação. Acredita também que não há espaço orçamentário para uma concessão adicional. Haddad sente-se atacado injustamente na pasta de transportes, que é onde mais avança socialmente, com a implementação do bilhete mensal e a perspectiva de municipalizar a Cide para subsidiar a tarifa. Na frente legislativa, pesa também contra a revogação a notícia de que o Congresso não votará o Reitup, conjunto de medidas de desoneração tributária para o setor de transporte. O prefeito acredita que o movimento utiliza meios não democráticos, com uma pauta populista – pois exige um benefício social sem indicar a fonte de recursos – e com o uso da força para constranger um governo eleito. Por fim, com a ampliação das pautas das manifestações e o apoio da imprensa, parte do Conselho Político considera que a revogação seria uma vitória para a direita. É com esses elementos que o prefeito se dirige à coletiva de imprensa para anunciar que não vai revogar o aumento, embora deixe aberta a possibilidade de rediscutir o assunto até sexta-feira, quando pretende se reunir novamente com o MPL. A secretaria de comunicação da prefeitura registra os trechos mais importantes da coletiva:

[Haddad:] **A prefeitura de São Paulo, atrás de todas as demais prefeituras do Brasil, segurou o aumento da tarifa até a desoneração que o governo federal promoveu, e deu o reajuste já descontando-se a desoneração. Isso estava** claro para a imprensa até antes dessas manifestações. Nós estamos colocando R$ 600 milhões a mais na conta do subsídio para manter a tarifa nesse patamar. (...) Nós tivemos na segunda-feira um dia que todo mundo celebrou, porque São Paulo é berço de manifestação. Agora, eu penso que gestos como os de ontem não contribuem para o funcionamento da cidade. Você não precisa, para ter mobilização, para ter manifestação, excluir os demais direitos das pessoas. O que aconteceu aqui é uma atrocidade contra a cidade, contra o Teatro Municipal, contra o prédio da prefeitura. (...) A polícia, até em função dos episódios da semana passada, tem tido muita parcimônia em agir no sentido de preservar a integridade entre as pessoas, evitar que inocentes paguem por atos que não são próprios da democracia. E essa tentativa de preservar os inocentes e, evidentemente, coibir a ação de pessoas que não estão preparadas para a vida democrática é uma tarefa difícil, não é uma tarefa simples. (...) Nós combinamos que até sexta teríamos um novo encontro. Mas vocês foram testemunhas disso. Eu tinha uma reunião em Brasília que eu tive de cancelar de ultima hora em função dos episódios aqui na sede da prefeitura e disse a eles que até sexta-feira marcaria uma segunda reunião. (...) Nós estamos colocando R$ 600 milhões a mais na conta do subsídio para manter a tarifa nesse patamar [R$ 3,20]. Qualquer mudança disso significará prejuízo para outras áreas do governo. Então nós temos duas alternativas: ou corta de outras áreas ou avança na política de desoneração.

Logo após a coletiva, o Movimento Passe Livre responde ao prefeito por meio de uma nota publicada no site e na página do Facebook, em que critica também a postura do governador:

O poder público de São Paulo tem adotado duas posições claras em relação aos protestos populares pela revogação do aumento das passagens na cidade. O governo do Estado se cala e desaparece do debate público, se negando a dialogar e criando uma ideia de que essa é uma questão única de segurança pública, colocando sempre o comando da PM à frente de todas as situações. O governador Geraldo Alckmin deixa claro que prefere mandar a polícia para tratar de uma demanda da população. Isso comprova que São Paulo não lida bem com manifestações, como afirmou o prefeito hoje. Será mesmo que é a população que não está pronta para a "vida democrática"? Já a prefeitura tenta de toda forma iludir o povo nas ruas, criando a falsa ideia de que, para revogar o aumento, a prefeitura terá que retirar dinheiro da educação, saúde e outras áreas sociais. Isso não é verdade, até porque as verbas para setores como educação e saúde estão vinculadas e não podem ser transferidas. O prefeito diz que não poderia abandonar os projetos por ele formulados na campanha eleitoral, cedendo a uma pressão vinda das ruas, o que causaria "contradição entre rua e urna". Não existe contradição: 77% da população (segundo Datafolha) aprovam os protestos pela revogação do aumento, porcentagem superior ao próprio eleitorado do prefeito.

Já no começo da tarde, em sessão na Câmara Municipal, a atuação da polícia é discutida em inúmeras intervenções. O ex-comandante da PM e vereador coronel Camilo, do PSD, defende a atuação da polícia e diz que sua demora em atuar foi para evitar confronto com os manifestantes pacíficos:

O primeiro aspecto que gostaria de deixar bem claro é que a Polícia está aí para garantir o direito de todos vocês, para garantir o direito de manifestação. A Polícia deve sempre dar proteção para que vocês possam mostrar as suas ideias e o que vocês solicitam para o poder constituído. (...) Observamos ontem, claramente, que pessoas mal-intencionadas se aproveitaram do manifesto, que era pacífico, e começaram a depredar a prefeitura de São Paulo, em verdadeiros atos de barbárie, ferindo dois guardas civis metropolitanos. (...) Depredaram e saquearam bancos, caixas eletrônicos, lojas de roupas, lojas de celulares, bares, lojas de eletrodomésticos, enfim, um pequeno caos se instalou na região do centro de São Paulo. Diante desses lamentáveis fatos, a polícia militar foi acionada, pois havia um consenso geral de que ela deveria acompanhar as manifestações de longe para evitar que houvesse confrontos com manifestantes. Ao chegar ao local, de forma bastante eficiente, debelou e prendeu muitos dos que estavam cometendo atos de vandalismo e saqueando lojas.

Outros vereadores são menos otimistas e entendem que a situação saiu do controle. Para eles, isso aconteceu porque a polícia recebeu ordens superiores para não agir.

Em debate com o presidente da Câmara, José Américo (PT), o vereador e ex-policial Conte Lopes afirma:

[CONTE LOPES] **Senhor presidente, ontem, antes de terminar a sessão, disse na tribuna que a prefeitura de São Paulo seria invadida e que os guardas apanhariam. Os guardas apanharam e a prefeitura quase foi invadida. (...) O senhor secretário de São Paulo não fez nada porque a polícia não estava nas ruas. Fiquei nesta casa e, se os milhares de manifestantes que passaram por aqui quisessem ter invadido a Câmara Municipal de São Paulo, teriam invadido. (...)**

[JOSÉ AMÉRICO] **Só que, aqui, a polícia militar estava comigo.**

[CONTE LOPES] **Só que a PM tem dez homens e não segura, senhor presidente, como não segurou! Não segura! Se não for a tropa de choque, não segura, senhor presidente. Sem tropa de choque, sem bala de borracha, sem gás lacrimogêneo, não adianta achar que segura, porque não segura. (...) Não adianta conversa mole! Nessa hora é a tropa de choque que tem de agir. Numa hora dessas é força, e a força necessária para dominar a turma. O resto é papo-furado, é conversa mole!**

O coronel Telhada, que no dia anterior havia sugerido que, caso a prefeitura fosse invadida, a polícia militar estaria lá, novamente defende a atuação da PM:

Quero deixar bem clara a participação da polícia militar. Na quinta-feira, quando a PM participou, reagindo à altura

da agressão que estava sofrendo, toda a imprensa e muitos políticos se posicionaram contra a polícia, dizendo que ela é violenta. Como policial militar, não aceito esse tipo de crítica, porque violentos eram aqueles criminosos infiltrados no movimento, que atacaram a polícia, os ônibus e os estabelecimentos. Ontem, ficou bem claro quem são os criminosos e os violentos. (...) No resultado final de ontem, quero que os senhores notem quem vai ser acusado de violento agora, porque até então era a polícia militar. Agora vão acusar quem? (...) Nós, os policiais militares, somos os primeiros a querer mudanças e, mais uma vez, na semana passada, fomos acusados de ser os iniciantes do confronto, fomos acusados de ser violentos. (...) Agora, falar que a polícia está agindo de maneira truculenta, isso não. Ontem vocês viram o resultado, viram de onde vinha a violência.

A partir dessa defesa, se posiciona também na direção de reivindicar uma atuação mais enérgica por parte da polícia:

Só tem uma saída, meus amigos: a polícia deve agir com energia. Não se combatem criminosos enfurecidos com flores, mas com balas de borracha, bomba e cassetete. Doa a quem doer. Senão, o resultado é o que vocês viram ontem. Proibir a polícia de usar bala de borracha é brincadeira numa situação dessas. A polícia tem de usar armas não letais. O nome já diz que não causam a morte, causam um ferimento para que a pessoa se afaste. Isso se usa não

só no Brasil como em todo o mundo. É legal, e perfeitamente compatível para esse tipo de operação. A polícia militar deve ser, sim, prestigiada, para que, quando houver esse tipo de balbúrdia, de crime, os criminosos sejam presos e os verdadeiros manifestantes, os que querem o melhor para o Brasil, sejam escoltados da devida maneira e guardados nas suas intenções. A polícia militar está do lado do povo e este grupo de vereadores está do lado da verdade. Na presença de todos, falo isso não só como vereador, mas principalmente como coronel da polícia militar. Bandido na cadeia e povo na rua!

Ainda que a atuação da polícia militar seja o centro das atenções, percebe-se um tom generalizado de defesa das manifestações, diferentemente do que se via na semana anterior. No entanto, poucas são as intervenções que discutem de fato a questão em pauta: a revogação do aumento da tarifa. No tratamento da pauta dos transportes, porém, o vereador Ricardo Young afirma ter protocolado, junto a outros 21 vereadores, um pedido para instauração de uma CPI dos transportes, entendendo-a como uma contribuição possível da Câmara dos Vereadores *"no sentido de se avançar na busca de soluções para a crise do transporte"*.

Na Assembleia Legislativa do Estado de São Paulo, o debate também gira em torno da manifestação do dia anterior e da postura da polícia militar frente à tentativa de invasão da prefeitura. O deputado major Olímpio, ex-presidente da Associação Paulista dos Oficiais da Polícia Militar do Estado de São Paulo, se manifesta:

Ontem, como em todos os instantes em que tivemos manifestações públicas, eu me fiz presente. (...) Eu confesso que me senti muito mal como policial. (...) O meu inconformismo, a minha dor, é com o que eu acabei, ontem, presenciando. (...) Eu vi por mais de duas horas lojas serem arrebentadas e saqueadas e sabe onde está minha dor? Porque houve ordem governamental pra minha polícia militar se esconder. Não estou partidarizando, deputado; o desejo do governador e do secretário da insegurança manifesta à polícia militar, no entendimento de que o cadáver ia cair diretamente no colo da prefeitura ou do PT ou do sei lá o que for... Eu fiquei quase doente por duas horas na expectativa e pedindo. Não se trata mais de manifestação pública. Era crime isolado. A agência do banco Itaú que foi arrebentada, a 300 metros dali, nós tínhamos 600 policiais com a ordem expressa: "Não se desloca daqui. Não saia daqui". Agora eu estou falando, Assembleia Legislativa, qual é a nossa posição? Ninguém aqui adora mais do que eu a polícia militar. (...) Mas que vergonha o que o governo impôs ontem da polícia militar tomar a atitude de não ter a polícia de investigação acompanhando o movimento. (...) Patrimônio da prefeitura não é do Haddad, não, é da população que paga seus impostos. (...) Tinha 600 policiais, e eu cumprimentei do comandante da capital ao mais jovem dos soldados, e não tinha nenhum no entorno – não era só na frente da prefeitura, não. Começamos a ter deslocamento de força policial quando se teve a certeza; e hoje, inúmeros comandantes, a tropa da polícia militar, indignada, dizendo: "Olha a que ponto chegamos politicamente".

Quando é que nós vamos tomar a atitude que a lei determina? (...) Daqueles indivíduos, vândalos, bandidos, não tinha nenhum manifestante: estavam ali pelo banditismo. Estavam ali microtraficantes da região central da cidade de São Paulo. Estavam ali ladrões que aproveitaram exatamente para saquear as lojas. Eu vi um indivíduo correndo com uma televisão. A 400 metros da Secretaria de Segurança Pública! (...) No Tribunal de Justiça tinha tropa de choque de prontidão. Tropa de Choque no quartel de Corpo de Bombeiros. Tropa de Choque na Secretaria de Segurança Pública. Mas não deu pra se deslocar para proteger o patrimônio e as pessoas. Que vergonha! Vergonha! (...) Eu nunca vi uma situação dessa: do governador, do secretário, dar ordem imperiosa ao comando da polícia militar: "Deixa quebrar! Rouba!". Que vergonha! (...) Mas sabe qual é o meu inconformismo? É o centro da cidade, no entorno da prefeitura, ter virado uma terra sem lei. "Pode roubar, arrebenta a agência do Itaú, quebra os vidros, olha que bonito, entra!". E eu olhando no relógio e pensando que em 30 segundos chegaria a polícia. Os jornalistas sendo agredidos porque são da Globo, da Record. E eu pensando que a polícia chegaria para conter esses 20, 30 vândalos. (...) Gostaria que a Assembleia Legislativa se pusesse de pé e exigisse do governo do Estado mais do que explicações, atitudes em relação não ao que fez, mas ao que deixou de fazer ontem. (...) Vergonha! Eu estou envergonhado com o que eu presenciei ontem! E a nossa indignação é exigir respostas do porquê da não atuação policial no dia de ontem.

No meio da tarde acontece um imprevisto: o prefeito do Rio de Janeiro Eduardo Paes liga para Fernando Haddad para avisar que está concluindo negociações com o governador Sérgio Cabral para baixar a tarifa de ônibus, metrô e barcas na cidade, para evitar desgaste junto à grande manifestação prevista para o dia seguinte. Essa decisão dos governos do Rio concentraria em São Paulo toda a atenção da imprensa – até então dividida entre as duas principais cidades do país.

Haddad e Alckmin discutem a situação à luz da nova pressão que cairá sobre eles. Eles se reúnem no Palácio dos Bandeirantes, sede do governo estadual, e avaliam que o melhor a fazer é revogar o aumento. O prefeito Fernando Haddad lamenta até o último momento que o favor que ele e o governador fizeram à presidenta Dilma – postergar o aumento até junho – não tenha encontrado a desejada contrapartida por parte do governo federal, ou seja, o esforço em oferecer desonerações para diminuir o impacto orçamentário da redução que agora precisa ser feita.

A colunista da *Folha de S.Paulo* Mônica Bergamo descreve os bastidores dos minutos que antecederam a decisão:

Minutos antes do anúncio de que reduziriam as tarifas de ônibus e metrô, o governador Geraldo Alckmin disse ao prefeito Fernando Haddad que, caso o petista quisesse, ele estaria disposto a resistir à pressão e a manter o preço de R$ 3,20. "A gente aguenta firme, juntos", disse Alckmin. Estavam na sala o secretário municipal

de governo, Antônio Donato, e o estadual da Casa Civil, Edson Aparecido. Alckmin ponderou que Haddad ainda tem "no mínimo" quatro anos na prefeitura e que poderia futuramente superar o desgaste, tendo dinheiro em caixa para investir. Haddad informou que já tinha jogado a toalha. E que não tinha suportado "a pressão do PT". No meio da conversa, o prefeito atendeu a um telefonema e foi informado de que o ministro da Fazenda, Guido Mantega, atacava a possibilidade de reduzir impostos dos transportes. "Mas então os municípios e os Estados vão arcar com essa conta sozinhos?", teria perguntado. Quando foi então tomada a decisão de fazer o anúncio, Alckmin chamou alguns secretários de sua equipe. "Mas não dá, a conta é muito grande", reagiu o secretário estadual da Fazenda, Andrea Calabi. "Não é hora de fazer contas, pelo amor de Deus! Temos um problema político para resolver", ponderou Edson Aparecido. Depois da decisão, Alckmin pediu que servissem lanche aos presentes. Todos viram juntos um pouco do jogo do Brasil contra o México. Segundo relato de um dos presentes, o prefeito estava cabisbaixo e com "o olhar distante". Em um comentário, disse que a decisão de baixar a tarifa era "dramática" para as contas da cidade.

Logo após o jogo do Brasil, governador e prefeito convocam uma coletiva de imprensa para anunciar a decisão. A imprensa antecipa o que virá. O anúncio da revogação do aumento é feito no Palácio dos Bandeirantes.

Epílogo

A derrubada do aumento é uma das mais importantes conquistas do movimento social brasileiro desde o fim do regime militar. Seus efeitos materiais são muito relevantes (meio bilhão de reais anuais em subsídios para a população), mas também se estabeleceu o precedente: a luta direta produziu uma vitória.

No final dos anos 1970, os movimentos sociais se uniram na construção de um partido para que tivessem um instrumento de ação institucional. Pouco a pouco, a mobilização deu lugar a negociações de gabinete e à disputa de cargos. Os movimentos se concentraram na ação institucional e as ruas foram esvaziadas. Novos atores surgiram com novas demandas. O jogo político não foi capaz de escutá-los e foi preciso um lento processo de maturação nos anos 1990 e 2000 para que uma campanha como a do MPL tivesse êxito.

Depois da revogação do aumento em São Paulo, manifestações de rua tomaram todas as cidades do país, inclusive as pequenas. Dezenas de cidades revogaram o aumento das passagens. Projetos de lei com apoio popular foram rapidamente aprovados no Congresso Nacional. O MPL foi chamado para um diálogo com a presidenta e o governo federal propôs um pacto pela mobilidade urbana.

Enquanto o governo do Estado de São Paulo se manteve ausente do enfrentamento da questão, como fizera ao longo de toda a campanha, no município a prefeitura tomou diversas medidas no setor de transportes: uma licitação para as empresas de ônibus foi adiada; o Conselho Municipal de Trânsito e Transporte foi criado; a construção de dois túneis para atender o transporte individual privado foi cancelada; a meta para a implantação de faixas exclusivas para ônibus foi ampliada; a taxa de lucro das empresas de ônibus foi publicamente questionada; uma auditoria internacional sobre os custos do sistema de transporte público foi proposta e uma Comissão Parlamentar de Inquérito (CPI) dos transportes foi instaurada. Embora elas representem avanços, em alguns casos constituem processos ambivalentes, cujo impacto deverá ser avaliado no futuro.

Em entrevista à imprensa, dias depois da revogação, o prefeito atribuiu o sucesso do MPL ao *resultado de movimentos de placas tectônicas muito diferentes, que de certa maneira não tinham relação entre si*. A essa fortuita conjunção de fatores se dava outrora o nome de fortuna. Sobre ela, escreveu um diplomata florentino: *em tempos de guerra, nada é de maior importância que saber usar a oportunidade* – reflexão que serve bem a ambos os lados da história.

Os protestos de junho entre o processo e o resultado

Pablo Ortellado

Vergnügungs-Reisende. – Sie steigen wie Tiere den Berg hinauf, dumm und schwitzend; man hatte ihnen zu sagen vergessen, daß es unterwegs schöne Aussichten gebe.

[Turistas - sobem a montanha como animais, estúpidos e suados. Esqueceram de lhes dizer que há uma bela vista no caminho.]

F. Nietzsche. Der Wanderer und sein Schatten, 202.

I Durante muitos anos, os novos movimentos viveram sob uma tensão entre processo e resultado. A experiência dos protestos de junho deixa dois legados opostos: o da mais extrema dispersão processual e o da fértil conjugação de processo e resultado na luta contra o aumento.

Temos assistido nas últimas décadas ao nascimento de movimentos horizontais na forma de organização e autônomos em relação a partidos e instituições. Esses movimentos frequentemente valorizam mais o processo do que o resultado: é o meio pelo qual atuam, a horizontalidade, a democracia direta, assim como a criatividade das suas ações, que dão a eles sabor e sentido. As lutas são ao mesmo tempo experiências vivas de uma democracia comunitária e espaço de autoexpressão contracultural. Algumas vezes, essa dimensão processual é sobrevalorizada e mesmo contraposta aos resultados práticos da ação política.

Há quase 40 anos Mario Tronti propôs a inversão da máxima leninista de que o movimento agia no curto prazo e o partido no longo. Para Lenin, os trabalhadores deixados à própria sorte se perderiam em inócuas lutas sindicais por aumento de salários que, caso fossem vitoriosas, seriam pouco a pouco revertidas pelo aumento do custo de vida. Era preciso um partido que subordinasse essa luta de curto prazo a um programa de transformação de longo prazo, orientado por um entendimento científico da sociedade. Tronti inverte essa máxima, notando que é o movimento que faz a mudança de longo prazo, ao modificar estruturalmente as relações sociais, e que ao partido político (na sua acepção parlamentar) cabe apenas a luta por conquistas pontuais.

Mais ou menos no mesmo período, Carl Boggs entendia que os novos movimentos caracterizavam-se por um comunismo prefigurativo que tinha como antecedente e modelo os conselhos operários. Nos conselhos operários, a forma de organização assembleísta prenunciava e antecipava a democracia radical que se pretendia – ele a prefigurava. Não se tratava mais apenas de perseguir a meta de uma sociedade livre e igualitária, mas de ver as estruturas internas do movimento como a gênese do futuro socialista. Era o próprio processo de luta que precisava antecipar o novo mundo que se buscava. Os meios prefiguravam os fins.

Em nenhum outro lugar como na assembleia dos novos movimentos as tensões entre processo e resultado são vistas com tanta clareza. Não se trata mais apenas de tomar uma decisão que contemple a pluralidade das perspectivas constitutivas da coletividade, mas também de participar de uma experiência comunitária. A tomada da palavra não busca unicamente contribuir para aprimorar a decisão – busca a autoexpressão e a participação. Tudo o que já foi dito precisa ser dito outra vez por quem ainda não falou. Como observou Cornelius Castoriadis, nenhum dos novos democratas do direito irrestrito à palavra conseguiria sustentar um discurso redundante ou vazio sem receber uma sonora vaia da multidão na Atenas clássica.

A sobrevalorização do processo em detrimento do resultado não é uma característica apenas dos movimentos. A cobertura da grande imprensa (e mesmo a da alternativa – que em geral apenas inverte os sinais do discurso dominante) também só se concentra no processo: é na forma de luta, tanto a da "violência" do vandalismo como a da criatividade da intervenção contracultural, que o olhar se detém. Sobre a reivindicação política à qual supostamente tudo está orientado, pouco se diz.

II A tensão entre processo e resultado tem como marco simbólico a Marcha do Pentágono em Washington, em outubro de 1967, quando os modos de ação dos novos e dos velhos movimentos explicitamente divergiram. De um lado, o ato tradicional com oradores pelo fim da guerra contra o Vietnã, organizado pelo Comitê nacional de mobilização; de outro, a tentativa de fazer o Pentágono levitar com milhares de pessoas entoando o mantra "Om", organizada por Jerry Rubin, Abbie Hoffman e Allen Ginsberg. Os debates sobre a tentativa de fazer o Pentágono levitar opunham, de um lado, os que achavam que se tratava de incompreensível futilidade, algo como desperdiçar anos de trabalho de conscientização contra a guerra e, do outro, aqueles que elogiavam a capacidade mobilizadora da performance contracultural, além da sua potência processual de pura e simples diversão.

A autocompreensão do movimento contra a liberalização econômica ("antiglobalização") era a de que tinha reunificado o movimento social que se cindira nos anos 1970. Naquela década, as lutas dos negros, das mulheres e dos estudantes tinham se fragmentado, emancipando-se da força unificadora do movimento operário. O neoliberalismo afetava simultaneamente as mulheres, que trabalhavam em más condições nas *sweatshops*; os trabalhadores, que perdiam direitos para que Estados nacionais pudessem atrair investimentos; e o meio ambiente, que perdia instrumentos legais de proteção para permitir a expansão de empreendimentos econômicos. Esse amplo espectro de efeitos permitia que fosse forjada sobre eles uma unidade de luta que tinha por objetivo barrar o neoliberalismo. No entanto, os instrumentos práticos para atingir esse objetivo eram obscuros porque o processo de liberalização econômica era transnacional e, assim, iniciativas nacionais antineoliberais eram simplesmente minadas pelo deslocamento do capital financeiro para outros mercados. A ausência de uma estratégia clara colaborou para a grande ênfase depositada nos processos.

O movimento contra a liberalização econômica discutiu como nunca antes os seus processos. Explicitamente apoiado na ideologia da política prefigurativa, os debates sobre democracia interna e estratégia de luta foram mais centrais do que as críticas contra os efeitos nefastos da desregulamentação dos mercados. "A decisão deixa a desejar, mas o processo foi perfeito", ironizava com frequência uma influente ativista do Direct Action Network, após assembleias inócuas. Quando os movimentos se reuniram em Seattle para um bloqueio "não violento" da Rodada do Milênio da Organização Mundial do Comércio e um grupo dissidente questionou a estratégia da não violência, tudo passou a girar em torno do Black Bloc. "A violência do Black Bloc faz parte do mundo que queremos?", "A violência da resistência deve ser julgada da mesma maneira que a violência da opressão?", "Afinal, destruir propriedade é mesmo violento?" Como resultado do debate, emergiu meses depois a doutrina da diversidade de táticas, na qual as formas de luta são todas acolhidas no espírito zapatista do mundo onde cabem muitos mundos. A reunião da OMC foi malograda, muito mais por divergências entre países centrais e periféricos do que pela ação do Direct Action Network e do Black Bloc. Apesar disso, os muros da cidade foram grafitados: "Estamos vencendo!"

Em 2011, a revista canadense *Adbusters* divulgou um cartaz no qual uma bailarina dançava sobre o touro que simboliza a bolsa de valores de Nova York, convocando ativistas a ocuparem Wall Street. No alto do cartaz, lia-se a instigante pergunta: "Qual é nossa única demanda?" O objetivo da provocação era estimular os futuros ocupantes a mimetizar a mobilização egípcia que tinha tomado a praça Tahir com uma demanda única clara: a saída de Mubarak. Será que a objetividade de propósito dos egípcios poderia inspirar os ativistas dos novos movimentos? As discussões iniciais sobre qual seria a demanda única do Occupy Wall Street giraram em torno da taxa Tobin e da criação de uma comissão presidencial para tratar da dominação do poder econômico sobre o sistema político. Mas nenhuma das sugestões parecia contentar as insatisfações. No quinto comunicado, o movimento anuncia sua única demanda: "Acabar com a pena de morte é nossa única demanda...

Acabar com a desigualdade de renda é nossa única demanda... Acabar com a pobreza é nossa única demanda... Acabar com a guerra é nossa única demanda". Os sonhos dos ocupantes não cabiam em uma demanda única. O movimento decidiu que não queria os seus 20 centavos.

III Uma das razões que fazem com que os novos movimentos se concentrem em processos é que a orientação a resultados exige confrontar nosso desconforto com a política – desconforto consolidado por uma exclusão secular da participação na vida pública.

Maquiavel assombrou o seu tempo quando explicitou e defendeu o uso da razão de Estado pelos Médici para realizar a patriótica tarefa de submeter a um só poder o território da península itálica. As observações que recolheu no exercício da vida diplomática indicavam duas lições complementares: o reconhecimento de uma legalidade própria dos negócios de Estado e a compreensão de que o povo miúdo não era capaz de entendê-la. É por esse motivo que o príncipe maquiaveliano deve, simultaneamente, na política, desprender-se das restrições normativas características da vida privada, mas sempre fazer parecer que vive por elas.

Na famosa conferência aos estudantes de Munique, Max Weber quer ressaltar a lição fundamental de Maquiavel para aqueles jovens que ascendiam à responsabilidade política por meio da luta social na revolução alemã. A contraposição didática entre o principismo da moralidade privada e a lógica de resultados da política buscava preparar esse novos atores para os difíceis dilemas que enfrentariam.

Quando, no ciclo de lutas dos anos 1970, a democracia interna dos novos movimentos dá um salto, vem com ela a flagrante incapacidade de fazer política. Não se trata apenas dos difíceis dilemas das mãos sujas que sempre fizeram hesitar até mesmo os homens e mulheres de Estado. Tarefas triviais que podem comprometer um radicalismo de princípios passam a ser sistematicamente evitadas. Falar com a grande imprensa, receber doações ou negociar com o poder público aparecem não como opções táticas a serem julgadas com respeito aos resultados práticos da luta, mas como comprometimento dos ideais anticapitalistas incompatíveis com a imprensa empresarial, o mercado e o Estado. O radicalismo não se define mais pela capacidade ou pelo esforço de atingir uma transformação social profunda, mas pela integridade do idealismo. Entre a imobilidade do respeito aos princípios e o risco da ação política, prevalece a imobilidade. O radicalismo se torna apático.

A ascensão dos novos movimentos indicava um potencial de transformação que permanecia inatualizado pelo principismo daqueles que sempre estiveram afastados da política. Tentativas de enfrentar abertamente esse principismo normalmente resultaram em acusações de pragmatismo leninista. Curiosamente, a história secreta de cada uma das novas lutas é a de lideranças pragmáticas cumprindo, nas costas do movimento, as tarefas necessárias que ninguém quis enfrentar ou discutir. O resultado é paradoxal: movimentos que, por um lado, valorizam e zelam pelo seu processo democrático e que, por outro, arriscam essa democracia por conta da incapacidade que têm de lidar com táticas e estratégias orientadas a resultados.

Se o processo de desenvolvimento das lutas no capitalismo é um processo de aprofundamento da democracia – ou seja, se a luta de alguma maneira prepara o advento de uma sociedade livre e igualitária, então esse processo deve incorporar uma crescente capacidade de fazer política. A valorização da criatividade e da democracia no processo de luta precisa ser combinada com a incorporação de um entendimento maduro de que a política se mede por resultados. A lógica imanente à ação política desvelada por Maquiavel precisa ser dissolvida num processo democrático no qual a dominação e o logro se convertem em estratégia emancipatória transparente. Precisamos de um maquiavelismo difuso, uma filosofia moral para a multidão em antagonismo.

IV Os protestos de junho deixam dois legados opostos: de um lado, a explosão de manifestações com pautas difusas e sem qualquer orientação a resultados; de outro, a luta contra o aumento conduzida pelo MPL com profundo sentido de tática e estratégia.

Durante os momentos finais da campanha contra o aumento das passagens, a luta foi tomada de assalto pela difusão de pauta. Quando o aumento foi revogado, a agitação permaneceu órfã e a difusão de pauta se apoderou de vez do processo. Estabeleceu-se um ativismo processual muito pouco orientado a resultados. Em relação a fenômenos semelhantes em outros países ele foi mais extremo: não se tratava apenas da dificuldade de encontrar um objetivo exequível comum, como se viu no Occupy Wall Street ou no 15M espanhol, mas da incapacidade de encontrar um horizonte ideológico comum, mesmo que vago. Na ausência de orientação política, o movimento se consumiu em questões processuais, principalmente a respeito dos modos de luta. Não é por acaso que os debates que se viram no final dos anos 1990 em torno do Black Bloc ressurgiram com toda a força, agora na forma de debates sobre os limites entre uma respeitável e cívica mobilização cidadã e uma criminosa ação de vândalos. Sem objetivos claros, os processos foram discutidos numa chave principista e sem referência aos resultados. Sob esse aspecto, junho foi o mês no qual explodiu uma indignação difusa, um enigma a ser decifrado pela grande imprensa e seus analistas.

A estratégia do Movimento Passe Livre é um acúmulo de aprendizados de lutas sociais pregressas. Em 2003, os estudantes de Salvador bloquearam as vias da cidade para protestar contra o aumento das passagens de ônibus. A mobilização foi espontânea e horizontal, mas carecia de pessoas ou grupos de referência legitimados pelo movimento para fazer a mediação com o poder público. Na ausência dessas referências, a UNE ocupou o papel e subordinou, de maneira leninista, a pauta dos estudantes pela redução das passagens à sua agenda partidária. O MPL aprendeu com essa experiência que era preciso que o movimento tivesse uma expressão política própria ao mesmo tempo horizontal e contrária ao aumento – em outras palavras, que estivesse de acordo com seu processo e sua meta.

O MPL aprendeu e desenvolveu a lógica imanente às lutas dos jovens e dos estudantes contra o custo das passagens. A evolução da luta pela meia passagem dos anos 1980 para a luta pelo passe livre estudantil dos anos 1990 e dessa para a luta contra o aumento das passagens dos anos 2000 revela uma lógica de luta voltada para a ampliação de direitos que, devidamente desdobrada, remete à tarifa zero e à desmercantilização do transporte para todos. Esse entendimento não foi imposto por um programa leninista externo, mas foi extraído da própria luta autônoma dos estudantes.

Os aprendizados adquiridos em quase dez anos de movimento social permitiram ao MPL uma notável combinação de valorização de processo e orientação a resultados. Por um lado, ele soube preservar e cultivar a lógica horizontal e contracultural que extraiu tanto da luta dos estudantes contra o aumento como do movimento contra a liberalização econômica, de onde vieram muitos dos primeiros militantes. Por outro, soube estabelecer de maneira tática uma meta objetiva exequível: a revogação do aumento. Essa meta "curta", no entanto, estava diretamente ligada à meta mais ambiciosa de transformar um serviço mercantil em direito social universal.

A revogação do aumento criou o precedente de reduzir o preço da passagem pela primeira vez – foi assim em Florianópolis em 2004 e em São Paulo em 2013. A redução redirecionou a lógica da tarifa, da ampliação para a redução crescente, até o limite lógico da tarifa zero. Ao conquistar a revogação do aumento, a tarifa zero foi imediatamente lançada no coração do debate político. A dupla vitória de reduzir o custo das passagens e trazer para a centralidade do debate político a tarifa zero por meio de uma ação autônoma com uma estratégica clara é o mais importante legado dos protestos de junho. Ele não é apenas um novo paradigma para as lutas sociais no Brasil, mas um modelo de ação que combina a política horizontalista e contracultural dos novos movimentos com um maduro sentido de estratégia. Esse livro é uma celebração desse legado.

Referências bibliográficas

Hobsbawn, E. *A era dos extremos*. São Paulo: Companhia das Letras, 1995.

Santos, M. *A urbanização brasileira*. São Paulo: Edusp, 1993.

Manolo. *Teses sobre a revolta do Buzu. Passa Palavra*. Texto disponível em: <http://passapalavra.info/2011/09/46384>. Dezembro de 2003/ Setembro de 2011.

Ortellado, P. *Um movimento heterodoxo*. Centro de Mídia Independente. Texto disponível em: <http://www.midiaindependente.org/pt/red/2004/12/296635.shtml>. Dezembro de 2004.

Vinicius, L. *Guerra da Tarifa*. São Paulo: Faísca, 2004.

Vinicius, L. *Guerra da Tarifa 2005*. São Paulo: Faísca, 2005.

Ortellado, P. *Sobre uma tentativa de aparelhamento*. Centro de Mídia Independente. Texto disponível em: <http://www.midiaindependente.org/pt/red/2005/07/325136.shtml>. Julho de 2005.

Malini, F. *A Batalha do Vinagre: por que o #protestoSP não teve uma, mas muitas hashtags*. Laboratório sobre Estudos de Imagem e Cibercultura (UFES). Texto disponível em: <http://www.labic.net/cartografia-das-controversias/a-batalha-do-vinagre-por-que-o-protestosp-nao-teve-uma-mas-muitas-hashtags/>. 14 de junho de 2013.

Amadeu, S.; Pimentel, T. F. *Cartografia de espaços híbridos: as manifestações de junho de 2013*. Texto disponível em: <http://interagentes.net/2013/07/11/cartografia-de-espacos-hibridos-as-manifestacoes-de-junho-de-2013/>. 10 de julho de 2013.

TÍTULO	*Vinte centavos: a luta contra o aumento*
AUTORES	*Elena Judensnaider*
	Luciana Lima
	Marcelo Pomar
	Pablo Ortellado
REVISÃO	*Books & Ideas*
PROJETO GRÁFICO	*Gustavo Piqueira / Casa Rex*
FORMATO	*12 x 17 cm*
TIPOGRAFIA	*Famílias tipográficas Mercury, Knockout e Gotham*
PAPEL	*Pólen Bold 90g/m²*
NÚMERO DE PÁGINAS	*240*
IMPRESSÃO	*Type Brasil*